예배자를 위한 음악통론
"이것도 몰라?!"

예배자를 위한 음악통론
이것도 몰라?!

초판 1쇄 발행 2015년 9월 1일

지 은 이 양정식 · 리디아김미옥

펴 낸 이 가진수
펴 낸 곳 ㈜워십리더미디어
편집디자인 유선영
사   보 박찬미 · 김혜인
드럼, 베이스, 기타 편곡 김동률 · 김태준 · 서세호

전   화 070) 4632-0660
팩   스 070) 4325-6181
등 록 일 2012년 5월 21일
등록번호 제 387-2012-000036호
이 메 일 wlm@hanmail.net

판권소유 ⓒ 워십리더 2015
값 12,000원

ISBN 979-11-951889-5-6   03230

"워십리더코리아(Worship Leader Korea)는 교회와 예배의 회복과 변화, 부흥을 위해 설립되었습니다. 예배사역자의 영적, 질적 능력의 배양, 성도의 예배훈련 및 교육, 통일을 대비한 예배훈련센터의 건립, 디아스포라의 한국 예배 공유와 협력을 지향합니다.

「이 책의 모든 내용은 저작권 보호를 받으므로 무단전제와 복제를 할 수 없습니다.」

(Printed in Korea)

작곡 편곡을 시작하는 모든 분들을 위한 책

예배자를 위한 음악통론

이것도 몰라?!

양정식 · 리디아김미옥 지음

worshipleader. **워십리더**

Preface

들어가는 글

　우리는 그동안 각 학교에서 예배자와 예배자가 되려는, 예배자를 꿈꾸는 학생들을 지도해 왔습니다. 그리고 가장 기본이 되는 단계부터 차근차근 공부할 수 있는 교재가 필요하다는 것에 서로 동의하고 도전 받게 되었습니다.

　많은 학생들이 그리고 예배자를 꿈꾸는 많은 이들이 음악공부를 하기 위해 진입하는 첫 단계에 스스럼없이 도전할 수 있는 교재를 만들기 위해 생각과 노하우를 서로 공유했습니다. 그리고 정리하며 하나의 교재를 만들게 되었습니다. 이 과정을 통해 음악, 나아가서는 작곡과 편곡이란 음악을 통해 소통하는 방법을 발견하게 될 것이란 기대감을 가지게 되었습니다. 도움 없이 가지 못했던 길, 이제부터는 스스로 알아서 걸을 수 있게 되기를 기도하는 마음을 담아 보았습니다. 독자들은 이 교재를 통해 노래 부르며 악기를 연주하고 작곡과 편곡을 하고 싶어 하는 모든 이들의 든든한 첫 단추를 채우게 될 것이라 확신합니다.

이 교재를 훌륭하게 마무리했다면 "예배자를 위한 작곡 편곡(양정식, 워십리더)"이란 교재를 활용하여 더 깊은 수준의 음악공부를 할 수 있게 되길 바랍니다.

이 책이 나오기까지 악보 사보, 드럼·기타·베이스 등의 편곡, 편집 디자인 등으로 수고한 모든 동역자분들과 매학기 수업을 재미있고 성실하게 수강해준 사랑하는 제자들에게 고마움을 전합니다. 아울러 출판을 위해 섬겨주시고 애써주신 〈워십리더코리아〉의 대표 가진수 목사님께 감사드립니다.

양정식, 리디아김미옥 드림

Contents

들어가는 글 / 5

Part 01 기본기 갖추기 13

1. 보표(Sraff)와 음자리표(Clef) ································ 15
   1) 오선(Staff/스태프) ● 15
   2) 음자리표(Clef/클래프) ● 16
   3) 보표의 종류 ● 17

2. 음이름(Tone Name) ································ 20
   1) 원음(Natural Tone/네츄럴 톤)의 이름 ● 20
   2) 반음(Semi-Tone/세미 톤)과 온음(Whole-Tone/홀 톤) ● 20

3. 변화표(Accidental Signature), 임시표(Temporary Accidental Signature), 조표(Key Signature) ································ 21
   1) 임시표(Temporary Accidental Signature/템퍼러리 액시덴탈 시그니쳐)로 사용되는 변화표 ● 22
   2) 조표(Key Signature/키 시그니쳐)로 사용되는 변화표 ● 22

4. 음표(Note/노트) ---------------------------------- 23

    1) 민음표(note/노트) ● 24

    2) 점음표(Dotted Note/닷티드 노트) ● 24

    3) 겹점음표(Double Dotted Note/더블 닷티드 노트) ● 25

    4) 잇단음표(Tuplet note/터플렛 노트) ● 25

5. 쉼표(Rest) ------------------------------------- 26

    1) 민쉼표(Rest/레스트) ● 26

    2) 점쉼표(Dotted Rest/닷티드 레스트) ● 27

    3) 겹점쉼표(Double Dotted Rest/더블 닷티드 레스트) ● 27

    4) 특수쉼표(Extended Special Rest/익스텐디드 스페셜 레스트) ● 28

6. 세로줄(Bar Line)과 마디(Measure) ------------------ 29

    1) 세로줄(Bar Line/바 라인)과 마디(Measure/메져) ● 29

    2) 겹세로줄(Double bar line/더블 바 라인)과 끝세로줄(Final bar line/파이널 바 라인) ● 30

7. 기호/표기법(Notation) ---------------------------- 31

    1) 줄임표 ● 31

    2) 반복 기호들 ● 33

Part 02 박자와 리듬 배우기 41

1. 박자(Meter) ------------------------------------ 43

    1) 박자(Meter/미터) ● 43

    2) 박자표(Meter Signature/미터 시그니쳐) ● 44

    3) 박자의 종류 ● 45

2. 리듬(Rhythm) -- 47
   1) 리듬이란 ● 47
   2) 리듬의 종류 ● 47

Part 03 음정 화음 알기 79

1. 음정(Intervals) -- 81
   1) 음정(Intervals/인터벌즈)이란 ● 81
   2) 음정의 종류 ● 82
   3) 음정의 구분 ● 82

2. 화음(Chords) -- 92
   1) 3화음(Triad Chords/트라이어드 코드) ● 92
   2) 3화음의 종류와 표기법 ● 93
   3) 7화음(7th Chords/세븐스 코드) ● 101
   4) 7화음의 종류와 표기법 ● 101

3. 조와 조표(Key, Key Signature) ---------------------------------- 108
   1) 올림표(Sharps/샵) ♯ ● 108
   2) 내림표(Flats/플랫) ♭ ● 109
   3) 5도권(Cycle of fifth/싸이클 오브 휩스) ● 110

4. 화음의 기능(Function of Chords) -------------------------------- 114
   1) 화음의 기능 ● 114
   2) Tonic(토닉)의 기능 ● 114
   3) Dominant(도미넌트)의 기능 ● 114
   4) Subdominant(서브도미넌트)의 기능 ● 115

Part 04 형식과 음계 파괴하기   119

1. 형식(Musical Form) — 121
   - 1) 한도막 형식(One-Part Form/원 파트 폼) ● 125
   - 2) 두도막 형식(Two-Part Form/투 파트 폼) ● 126
   - 3) 세도막 형식(Three-Part Form/쓰리 파트 폼) ● 128
   - 4) 작은 세도막 형식(Small Three-Part Form/스몰 쓰리 파트 폼) ● 130

2. 음계(Scale) — 132
   - 1) 장음계(Major Scale/메이저 스케일) ● 132
   - 2) 단음계(Minor Scale/마이너 스케일) ● 133
   - 3) 교회선법(Church Modes/쳐치 모드) ● 137
   - 4) 블루스(Blues) ● 139

Part 05 예쁘게 악보 그리기   153

1. 음표는 이렇게 — 151
   - 1) 머리의 크기와 위치 ● 151
   - 2) 기둥의 방향 ● 152
   - 3) 꼬리 연결하기 ● 152

2. 쉼표는 이렇게 — 155
   - 1) 쉼표 모양 ● 155
   - 2) 정확한 위치 ● 156
   - 3) 음표와 쉼표가 섞여 있을 때 ● 157

3. 음자리표 그리기 ---------- 158
   1) 높은음자리표 ● 158
   2) 낮은음자리표 ● 158
   3) 가온음자리표 ● 158

4. 임시표 그리기 ---------- 159
   1) ♯, 𝄪 ● 159
   2) ♭, ♭♭ ● 159
   3) ♮ ● 159

Part 06 깊이를 더하기 161

1. 텐션(Tension Note) ---------- 163
   1) 텐션이란 ● 163
   2) 텐션의 표기 ● 164
   3) 텐션의 종류 ● 164
   4) 코드별 텐션 ● 164

2. 조바꿈(Modulation)과 조옮김(Transposition) ---------- 179
   1) 조바꿈(Modulation/모듈레이션) ● 179
   2) 조옮김(Transposition/트랜스포지션) ● 180

부록 / 187
빠르기말(Tempo terms) ● 185
빠르기표(Tempo Signature) ● 186
셈여림표(Dynamic) ● 188
주법에 관한 표(Musical interpretation) ● 189

Part 01

기본기 갖추기

1. 보표(Sraff)와 음자리표(Clef)
2. 음이름(Tone Name)
3. 변화표(Accidental Signature), 임시표(Temporary Accidental Signature), 조표(Key Signature)
4. 음표(Note)
5. 쉼표(Rest)
6. 세로줄(Bar Line)과 마디(Measure)
7. 기호/표기법(Notation)

여호와는 살아 계시니 나의 반석을 찬송하며 내 구원의 하나님을 높일지로다(시편 18:46)

Part 01
기본기 갖추기

1. 보표(Sraff)와 음자리표(Clef)

1) 오선(Staff/스태프)

오선은 다섯 개의 가로줄과 네 개의 칸으로 되어 있습니다.

이 다섯 개의 줄과 네 개의 칸 위에 많은 것들이 표기되어 우리에게 악보라는 것으로 완성됩니다. 오선을 읽는 순서와 명칭은 아래의 그림과 같습니다.

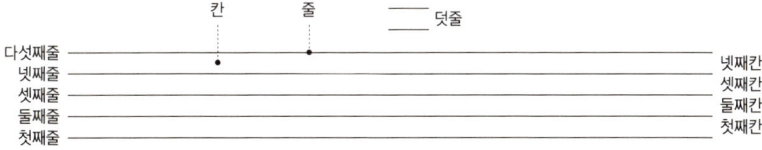

2) 음자리표(Clef/클래프)

음자리표는 크게 3가지로 나뉩니다.

(1) 높은음자리표(G Clef/지 클래프)

가장 흔하게 쓰이는 음자리표로 노래(Vocal), 기타(Guitar), 바이올린(Violin), 플룻(Flute)등에 사용됩니다.

(2) 낮은음자리표(F Clef/에프 클래프)

낮은 음역에 사용하는 음자리표로 합창에서의 남성파트, 악기에서의 베이스(Bass), 튜바(Tuba), 바순(Bassoon) 등에 사용됩니다.

(3) 가온음자리표(C Clef/씨 클래프)

높은음자리표와 낮은음자리표에 비해 사용빈도가 적습니다. 가온음자리표는 소프라노표, 알토표, 테너표가 주로 사용되며 비올라(Viola)와 첼로(Cello)에 주로 사용됩니다.

(4) 무음 자리표/타악기 음자리표(Natural Clef/네츄럴 클래프)

음이 없는 타악기에 쓰이는 자리표로, 드럼(Drums)과 타악기(Percussion/퍼커션)에 사용됩니다.

3) 보표의 종류

오선위에 음자리표를 기입한 것을 보표라고 부르는데, 보표의 종류는 크게 3가지로 나뉩니다.

(1) 작은 보표(Small Staff/스몰 스태프)

가장 많이 쓰이는 보표로, 단선으로 사용됩니다. 노래와 많은 악기들에 사용됩니다.

(2) 큰 보표(Grand Staff/그랜드 스태프)

높은음자리표와 낮은음자리표가 함께 있는 보표로, 피아노(Piano), 오르간(Organ), 4성부 합창 등의 악보에 사용됩니다.

(3) 기타 보표(Guitar Staff/TAB Staff/Tablature Staff)

6선 또는 4선 보표 라고 부르며 밴드 음악에서 기타 또는 베이스 기타 보표로 사용합니다. 오선과 반대로 위에서부터 아래로 읽습니다.

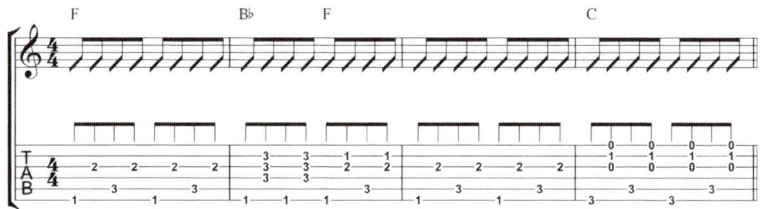

(4) 타악기 보표(Drume Set Staff)

드럼이나 타악기를 위한 보표입니다. 악기에 따라 오선에 사용하기도 하고, 하나의 선에 사용하기도 합니다.

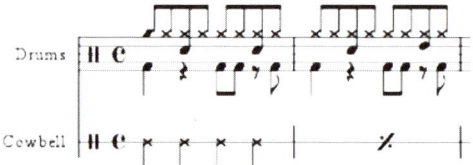

(5) 모음 보표, 총보(Full Score/풀 스코어)

각각의 보표를 한 번에 볼 수 있도록 모아놓은 악보입니다. 밴드 스코어(Band Score)와 오케스트라 스코어(Orchestra Score)를 모두 포함한 합주 또는 대 합창을 위한 보표입니다.

2. 음이름(Tone Name/톤 네임)

음의 높낮이에 따라 각각의 고유한 이름이 있습니다.

1) 원음(Natural Tone/네츄럴 톤)의 이름

원음이란 어떠한 기호나 표에 영향을 받지 않는 순수음을 말하며, 피아노 건반에서는 하얀 건반에 해당됩니다.

한국	다	라	마	바	사	가	나	다
영/미	C	D	E	F	G	A	B	C
독일	C(체)	D(데)	E(에)	F(에프)	G(게)	A(아)	H(하)	C
이탈리아	Do	Re	Mi	Fa	Sol	La	Si	Do

2) 반음(Semi-Tone/세미 톤)과 온음(Whole-Tone/홀 톤)

원음의 배열을 보면 넓은 부분과 좁은 부분이 있는데, 좁은 부분을 '반음(semi-Tone)', 넓은 부분을 '온음(Whole-Tone)' 이라고 부릅니다.

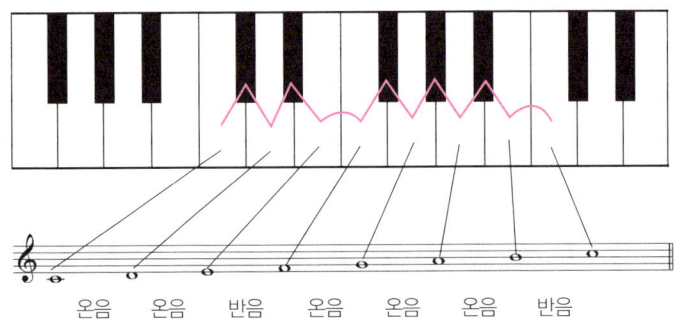

3. 변화표(Accidental Signature/액시덴탈 시그니쳐), 임시표(Temporary Accidental Signature/템퍼러리 액시덴탈 시그니쳐), 조표(Key Signature/키 시그니쳐)

변화표(Accidental Signature/액시덴탈 시그니쳐)란 원음을 올리거나 내릴 때, 또는 이미 변화된 음을 원음으로 되돌릴 때 쓰는 표입니다. 변화표의 종류는 다음과 같습니다.

♯ 𝄪 ♭ ♭♭ ♮

*tip : 겹 내림표는 내림표를 두 개 붙여서 사용하지만, 겹 올림표는 올림표를 두 개 붙여서 사용하지 않고, 다른 모양의 표시 𝄪로 사용합니다.

1) 임시표(Temporary Accidental Signature/템퍼러리 액시덴탈 시그니쳐)로 사용되는 변화표

임시표에는 모든 변화표를 사용 할 수 있습니다.

임시표는 말 그대로 임시로 사용되는 표시이며, 한마디에서만 적용됩니다.

옥타브를 넘거나 마디가 넘어가면 임시표로서의 효력이 없어집니다.

♯	올림표(Sharp/샵)
♭	내림표(Flat/플랫)
♯♯, 𝄪	겹 올림표(Double Sharp/더블 샵)
♭♭	겹 내림표(Double Flat/더블 플랫)
♮	제자리표(Natural/네츄럴)

2) 조표(Key Signature/키 시그니쳐)로 사용되는 변화표

조표는 악보의 첫 부분에 음자리표와 박자표 사이에 적습니다.

조표에 사용되는 변화표는 두 가지만 사용됩니다.

♯	올림표(Sharp/샵)
♭	내림표(Flat/플랫)

4. 음표(Note/노트)

음악에서 소리를 내는 길이를 표시하는 기호를 음표라고 합니다. 음표의 명칭은 다음과 같습니다.

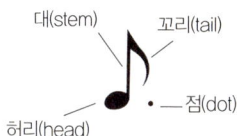

> 빈 오선에 음표를 그리는 것도 연습해 보면 좋습니다.

1) 민음표(note/노트)

4분음표를 한박자로 기준을 두었을때

𝅝	온음표(Whole Note)	4박자
𝅗𝅥	2분음표(Half Note)	2박자
♩	4분음표(Quarter Note)	1박자
♪	8분음표(Eighth Note)	반박자
𝅘𝅥𝅯	16분음표(Sixteen Note)	반의반박자

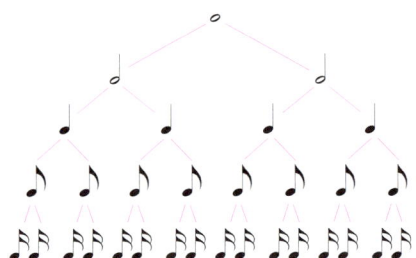

2) 점음표(Dotted Note/닷티드 노트)

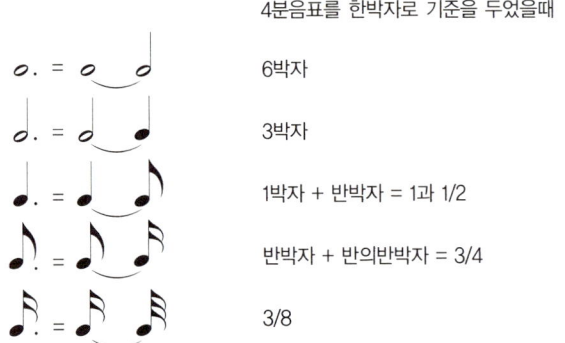

4분음표를 한박자로 기준을 두었을때

6박자

3박자

1박자 + 반박자 = 1과 1/2

반박자 + 반의반박자 = 3/4

3/8

3) 겹점음표(Double Dotted Note/더블 닷티드 노트)

4분음표를 한박자로 기준을 두었을때

7박자

3박자 반

1박자 3/4

7/8

4) 잇단음표(Tuplet notes/터플렛 노트)

5. 쉼표(Rest)

쉼표란 음악에서 음을 내지 않는 부분의 길이를 표시하는 기호를 말합니다.

1) 민쉼표(Rest/레스트)

온쉼표 (Whole Rest) 2분쉼표 (Half Rest) 4분쉼표 (Quarter Rest) 8분쉼표 (Eight Rest) 16분쉼표 (Sixteenth Rest)

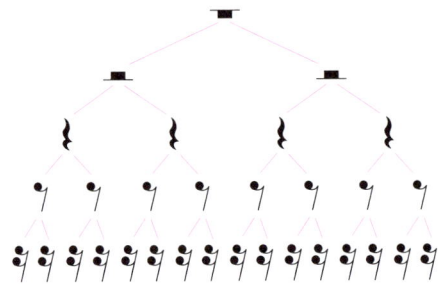

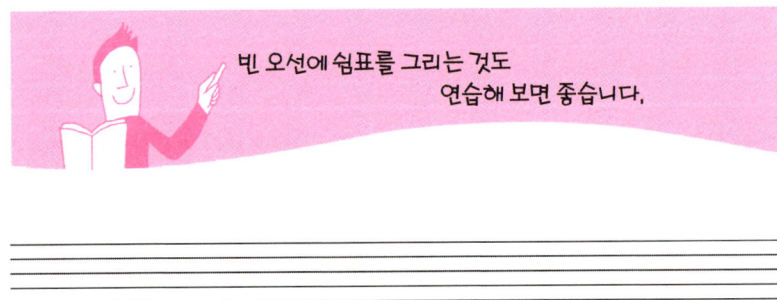

빈 오선에 쉼표를 그리는 것도 연습해 보면 좋습니다.

2) 점쉼표(Dotted Rest/닷티드 레스트)

기호	이름	구성
▬.	점온쉼표	▬ + ▬
▬˙	점2분쉼표	▬ + 𝄽
𝄽.	점4분쉼표	𝄽 + 𝄾

3) 겹점쉼표(Double Dotted Rest/더블 닷티드 레스트)

기호	이름	구성
▬..	겹점온쉼표	▬ + ▬ + 𝄽
▬˙˙	겹점2분쉼표	▬ + 𝄽 + 𝄾
𝄽..	겹점4분쉼표	𝄽 + 𝄾 + 𝄾

4) 특수쉼표(Extended Special Rest/익스텐디드 스페셜 레스트)

여러 마디를 쉴 때 쓰이는 쉼표입니다.

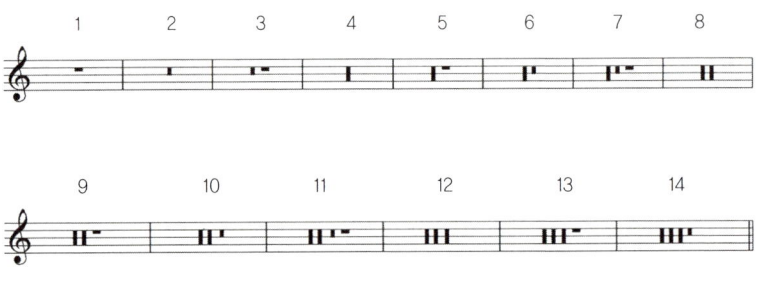

*tip : 전통적인 클래식 악보에서 주로 쓰이는 G.P(General Pause/제너럴 파우제)는 정해져 있지 않은 긴 마디를 파트보 전체가 같이 쉴 때 사용하며 주로 관현악곡에서 사용합니다. 온 쉼표 위에 G.P라고 표기합니다.

6. 세로줄(Bar Line/바 라인)과 마디(Measure/메져)

1) 세로줄(Bar Line/바 라인)과 마디(Measure/메져)

오선위에 그어져 있는 세로줄과 세로줄 사이를 '마디' 라고 부릅니다.

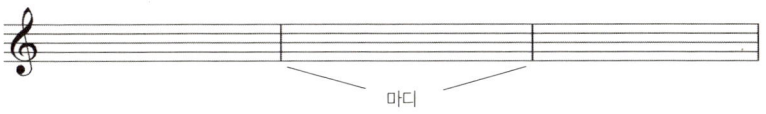

*tip : 마디와 마디 사이를 균등하게 배분하여 그려주는 것은 참 중요합니다. 한줄에 몇 마디를 그릴 지 잘 생각하여 마디를 잘 나눠주세요.

2) 겹세로줄(Double bar line/더블 바 라인)과 끝세로줄(Final bar line/파이널 바 라인)

악곡의 중간 중간에 악곡의 흐름에 따라 세로줄이 아닌, 겹세로줄을 사용할 때가 있습니다. 뒤에 학습할 내용이지만 조성이 바뀌거나 박자가 바뀔 때 겹세로줄을 사용합니다. 실용음악에서는 섹션을 분리하거나 형식을 분리할 때 사용하기도 합니다.

도돌이표를 사용하거나 악곡이 모두 끝날 때는 끝세로줄을 사용하는데, 겹세로줄과 같이 두 줄로 된 세로줄에 오른쪽이 더 두껍습니다.

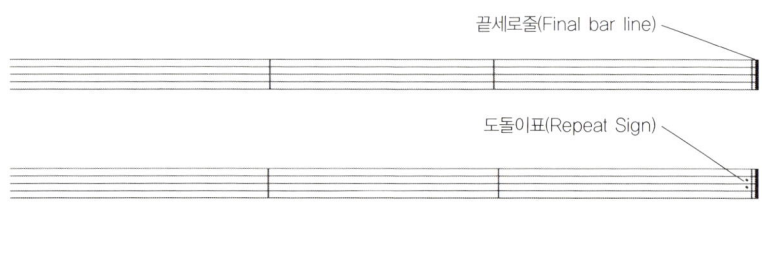

7. 기호/표기법(Notation/노테이션)

1) 줄임표

(1) 음표의 반복

똑같은 음이 반복될 때 사용합니다.

> **＊tip :** 음표의 반복에 의한 줄임표는 여러분이 음악활동하면서 매우 많이 사용하게 될 표기법입니다. 특히 두번째의 '점'에 의한 줄임표보다 첫번째의 사선으로 된 '줄'에 의한 줄임표가 훨씬 더 많이 쓰입니다.

(2) 음형의 반복

똑같은 음형이 반복될 때 사용합니다.

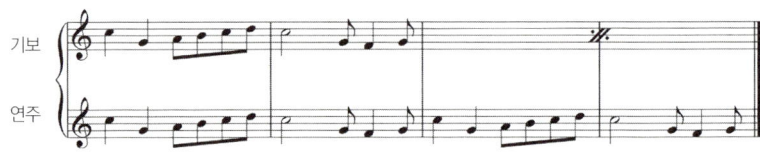

2) 반복 기호들

(1) 도돌이표(Repeat Sing/리핏 싸인)

도돌이표는 두 표 사이를 두 번 연주하라는 표시입니다.

악곡의 처음으로 되돌아 갈 때는 앞 도돌이표를 생략합니다.

반복 될 때 끝부분이 다를 경우 숫자와 괄호를 이용합니다.

연주 순서 A-B-C-D-C-D

연주 순서 A-B-A-B-C-D

연주 순서 A-B-C-D-E-B-C-D-F

*tip : 두 번째의 예에서 볼 수 있듯이 악보에 도돌이표가 앞부분에는 없고 첫 부분에만 있을 경우는 곡의 처음으로 돌아가라는 의미입니다.

(2) D.C(da capo/다카포)와 D.S(dal Segno/달세뇨)

D.C(da capo) 다카포는 악곡의 처음으로 되돌아가라는 뜻이며 마침표가 나올 때까지 연주하면 됩니다.

연주 순서 A-B-C-D-C-D-E-F-G-A-B-C-D-E-F

D.S(dal Segno) 달세뇨는 세뇨가 있는 곳으로 되돌아가라는 뜻이며 마침표가 나올 때까지 연주하면 됩니다.

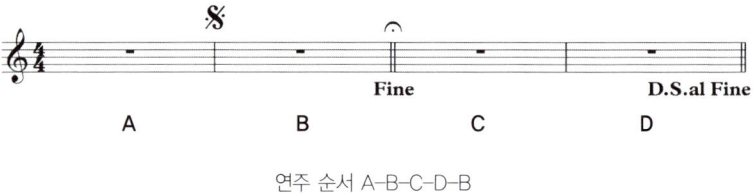

연주 순서 A-B-C-D-B

(3) Bis(비스)

Bis는 표시되어 있는 곳을 두 번 반복하라는 뜻입니다. Bis와 도돌이표가 다른 점이 있다면, 도돌이표는 다른 반복기호에 의해 되돌아갔을 때는 반복하지 않고, Bis는 다른 반복기호에 의해 되돌아갔을 때도 반복합니다.

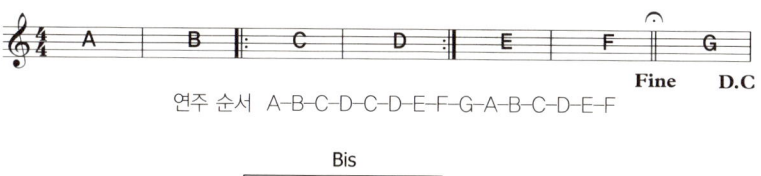

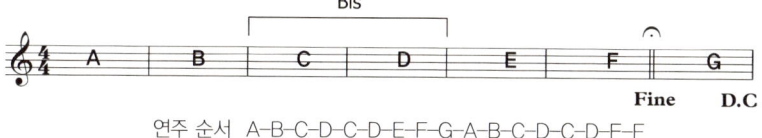

(4) Coda / ⊕ (코다)

Coda는 다른 반복기호에 의해 되돌아갔을 때 ⊕ / Coda로 표시되어 있는 부분을 생략하는 기호입니다.

적용하기

1. 다음에 나와 있는 음의 이름을 알파벳으로 쓰시오.

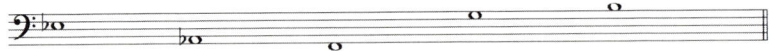

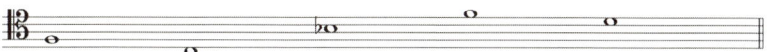

2. 다음에 나와 있는 빈칸에 알맞은 음표나 쉼표를 그리시오.

1. ♩ + ♪ = (　　)

2. ♩.. + (　　) = 𝅗𝅥

3. 𝅝 = ♩. + (　　)

4. 𝅗𝅥. = ♩ + (　　)

5. ♩ = ♪ + (　　)

6. 𝄽 + 𝄾 = (　　)

7. 𝄽. + (　　) = 𝄬

8. 𝄬 + 𝄬 = (　　)

9. 𝄾 + 𝄾. = (　　)

10. 𝄾 + 𝄾 + (　　) = 𝄽

11. ♪ + ♪ = (　　)

12. ♪ + ♪ + ♪ = (　　)

13. 𝅗𝅥 = (　　) + ♪

14. 𝅝. = 𝅗𝅥 + (　　)

15. ♪ + ♪ + (　　) = ♩

16. ♪ + ♪ + (　　) = 𝅗𝅥.

17. 𝄾 + 𝄾 + (　　) = 𝄾

18. 𝄬 + 𝄽 = (　　)

19. 𝄬 + 𝄬 = (　　)

20. 𝄽. + 𝄽. = (　　)

3. 다음에 나와 있는 악곡의 순서를 맞게 기입하시오.

①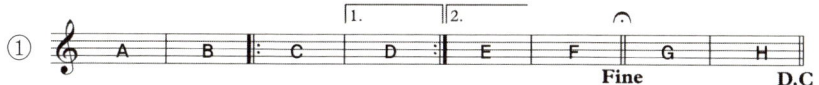

②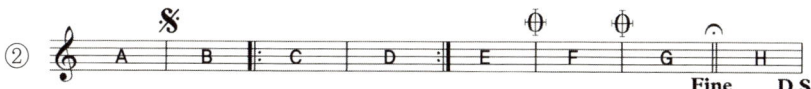

③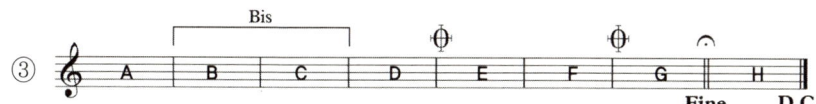

Part 02

박자와 리듬 배우기

1. 박자(Meter)
2. 리듬(Rhythm)

이 백성은 내가 나를 위하여 지었나니 나를 찬송하게 하려 함이니라(사43:21)

… Part 02

박자와 리듬 배우기

1. 박자(Meter/미터)

1) 박자(Meter/미터)

박(Beat)이 일정한 주기를 갖는 것을 박자(meter)라고 하며 강박(센박)과 약박의 일정한 주기에 따라 여러 박자로 나뉩니다.

*tip : 앞으로 나올 굉장히 다양한 박자들은 왜 나뉘어졌을까요? 모두 4박자로 통일하면 편했을텐데요. 잠깐 생각해보고 공부하시면 해답을 찾을꺼예요.

2) 박자표(Meter Signature/미터 시그니쳐)

박자의 종류를 나타내는 기호를 박자표라고 합니다.

박자표는 분수의 형태로 숫자로 표시하며 분모는 한 박으로 세는 단위 음표(Unit note)이며, 분자는 한 마디 안에 들어가는 박자의 수를 나타낸 것입니다.

$$\frac{4}{4} \quad \frac{2}{2} \quad \frac{3}{4} \quad \frac{2}{4} \quad \frac{6}{8}$$

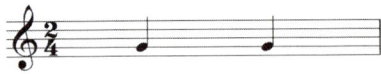

3) 박자의 종류

박자의 종류는 2박자계 3박자계로 나뉘며 그것을 다시 홑박자와 겹박자 그리고 혼합박자로 나눕니다.

(1) 2박자계

홑박자		
박자표	단위음표	기본형태와 셈여림
$\frac{2}{2}$	𝅗𝅥	𝅗𝅥 𝅗𝅥
$\frac{2}{4}$	♩	♩ ♩
$\frac{2}{8}$	♪	♪ ♪

홑박자		
박자표	단위음표	기본형태와 셈여림
$\frac{4}{2}$	𝅗𝅥	𝅗𝅥 𝅗𝅥 𝅗𝅥 𝅗𝅥
$\frac{4}{4}$	♩	♩ ♩ ♩ ♩
$\frac{4}{8}$	♪	♪ ♪ ♪ ♪

겹박자		
박자표	단위음표	기본형태와 셈여림
$\frac{6}{4}$	♩.(♩)	♩. ♩. (♩ ♩ ♩ ♩ ♩ ♩)
$\frac{4}{4}$	♩.(♪)	♩. ♩. (♫♫ ♫♫)

겹박자		
박자표	단위음표	기본형태와 셈여림
$\frac{12}{8}$	♩.(♪)	♩. ♩. ♩. ♩. (♫♫ ♫♫ ♫♫ ♫♫)
$\frac{12}{16}$	♪.(♬)	♪. ♪. ♪. ♪. (♬♬ ♬♬ ♬♬ ♬♬)

(2) 3박자계

홑박자		
박자표	단위음표	기본형태와 셈여림
$\frac{3}{2}$	𝅗𝅥	𝅗𝅥 𝅗𝅥 𝅗𝅥
$\frac{3}{4}$	♩	♩ ♩ ♩
$\frac{3}{8}$	♪	♪ ♪ ♪

곁박자		
박자표	단위음표	기본형태와 셈여림
$\frac{3}{2}$	𝅗𝅥.(♪)	𝅗𝅥. 𝅗𝅥. 𝅗𝅥. (♫♫ ♫♫ ♫♫)
$\frac{3}{4}$	♩.(♪)	♩. ♩. ♩. (♫♫ ♫♫ ♫♫)

(3) 혼합박자

홑박자		
박자표	단위음표	기본형태와 셈여림
$\frac{5}{4}$	♩	♩ ♩ ♩ ♩ ♩
$\frac{7}{4}$	♩	♩ ♩ ♩ ♩ ♩ ♩ ♩

2. 리듬(Rhythm)

1) 리듬이란

일정한 간격의 시간적 흐름 안에 규칙적인 강약과 장단의 배열을 말합니다.

2) 리듬의 종류

(1) 국악리듬
- 세마치 장단

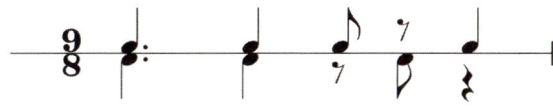

• 세마치 장단으로 적용할 수 있는 찬양

편곡에 따라 다르겠지만, 9/8박자의 곡, 3/4박자의 곡 중에서 셋잇단음표로 이루어진 곡이나, 3/4박자의 곡 중에서 부점으로 이루어진 곡들을 활용할 수 있습니다. 다음에 나오는 곡을 예로 악기별로 자세히 살펴보겠습니다.

찬송가 48장 거룩하신 주 하나님

드럼 패턴

드럼-거룩하신 주 하나님

기타 패턴

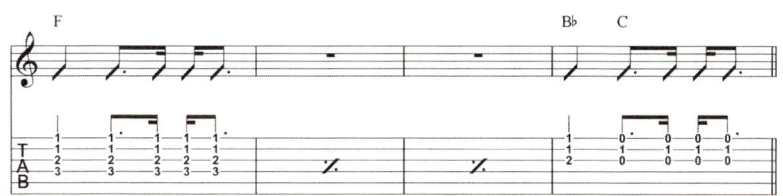

기타-거룩하신 주 하나님

베이스기타 패턴

베이스기타-거룩하신 주 하나님

건반 패턴

건반-거룩하신 주 하나님

• 세마치 장단의 또 다른 예

세마치 장단의 또 다른 예로, 다음에 나온 찬송가로 리듬을 활용할 수 있습니다.

지금까지 지내온 것

찬송가 301장 지금까지 지내온 것

드럼 패턴

드럼-지금까지 지내온 것(거룩하신 주 하나님과 같은 리듬으로 연주)

기타 패턴

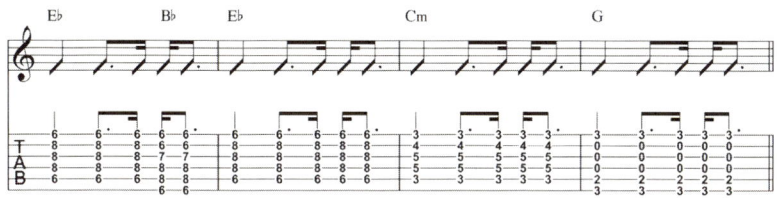

기타-지금까지 지내온 것

베이스기타 패턴

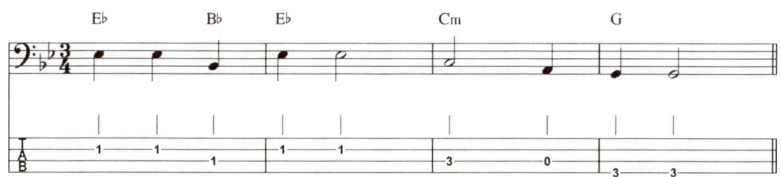

베이스기타-거룩하신 주 하나님

건반 패턴

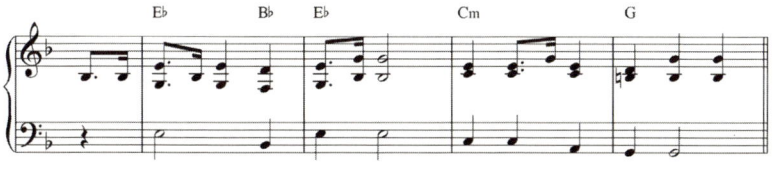

건반-지금까지 지내온 것

- 굿거리 장단

• 굿거리 장단으로 활용할 수 있는 찬양

굿거리 장단으로 활용할 수 있는 찬양은 많습니다. 6/8박자로 되어 있는 곡들은 잘 편곡하면 대체적으로 좋은 합을 이룰 수 있습니다.

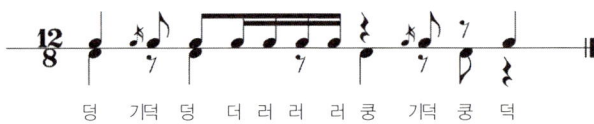

날마다 주님을 의지하는

찬송가 556장 날마다 주님을 의지하는

드럼 패턴

드럼-날마다 주님을 의지하는

기타 패턴

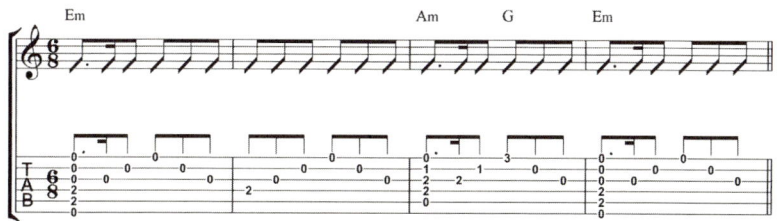

기타-날마다 주님을 의지하는

베이스기타 패턴

베이스기타-날마다 주님을 의지하는

건반 패턴

건반-날마다 주님을 의지하는

• 또 다른 굿거리 장단의 예

이 곡 역시 악기별로 어떻게 활용할 수 있는지 살펴보겠습니다.

예수님이 좋은 걸

복음송가 예수님이 좋은 걸

드럼 패턴

드럼-예수님이 좋은 걸("날마다 주님을 의지하는"과 같은 리듬으로 연주)

기타 패턴

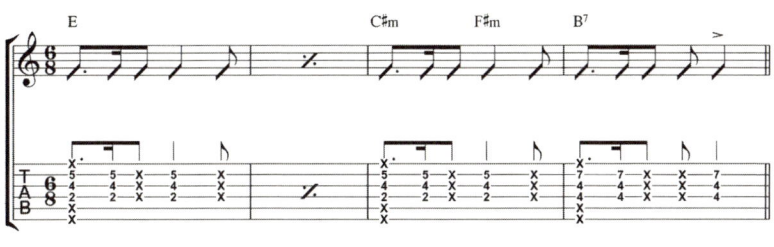

기타-예수님이 좋은 걸

베이스기타 패턴

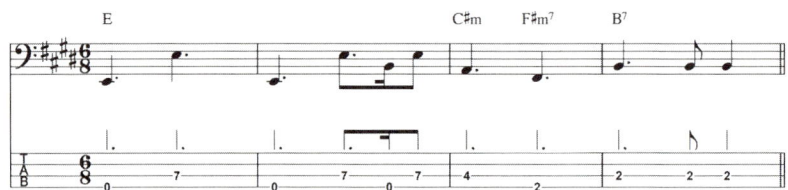

베이스기타—예수님이 좋은 걸

건반 패턴

건반–예수님이 좋은 걸

(2) 왈츠(Waltz)

3박자의 민속춤으로 시작된 리듬으로 18세기에 시작되었습니다. 3박자의 빠른 곡에는 모두 적용할 수 있지만, 우리나라의 정서상 3박자의 곡에는 빠른 찬양보다 느린 찬양이 많아서 정작 왈츠리듬에 적용시킬 수 있는 찬양이 많지는 않습니다.

기뻐 찬송하세

찬송가 159장 기뻐 찬송하세

드럼 패턴

드럼-기뻐 찬송하세

기타 패턴

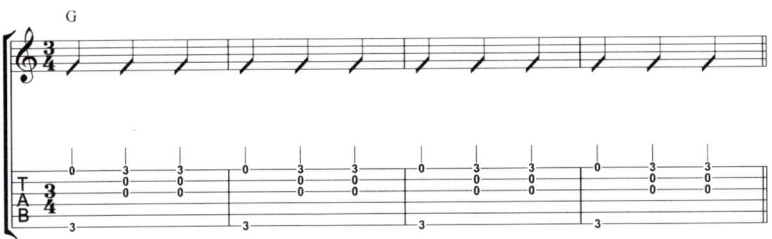

기타-기뻐 찬송하세

베이스기타 패턴

베이스기타-기뻐 찬송하세

건반 패턴

건반-기뻐 찬송하세

• 또 다른 왈츠의 예

아 내 맘 속에

찬송가 411장 아 내 맘속에

드럼 패턴

드럼-아 내 맘속에("기뻐 찬송하세"와 같은 리듬으로 연주)

기타 패턴

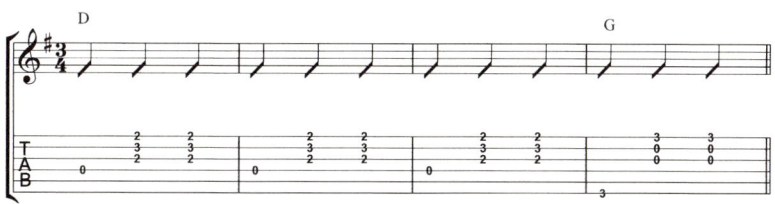

기타-아 내 맘속에

베이스기타 패턴

베이스기타-아 내 맘속에

건반 패턴

건반-아 내 맘속에

(3) 폴카(Polka)

19세기 유럽에서 유행한 2박자의 빠른 춤곡에서 시작되었습니다. 쿵짝 쿵짝 하는 흥겨운 리듬입니다.

폴카 리듬으로 작곡되어 불리는 찬양을 찾기는 쉽지 않지만, 기존의 찬양을 폴카리듬에 적용하여 연주할 수 있습니다.

내 진정 사모하는

찬송가 88장 내 진정 사모하는

드럼 패턴

드럼-내 진정 사모하는

기타 패턴

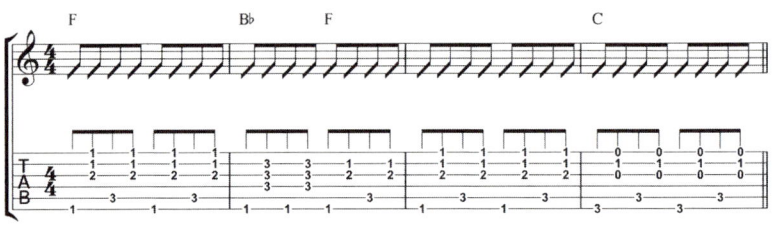

기타-내 진정 사모하는

베이스기타 패턴

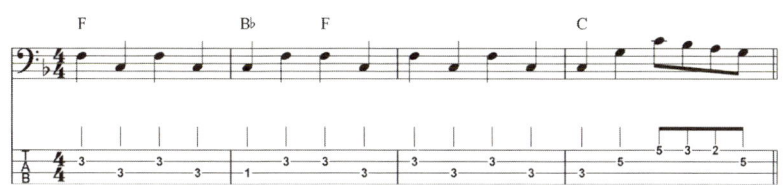

베이스기타-내 진정 사모하는

건반 패턴

건반-내 진정 사모하는

(4) 셔플(Shuffle)

1920년대 유행한 재즈 리듬 중의 하나로 미국 남부의 흑인들 사이에서 만들어진 댄스 리듬입니다. 4박자로 된 한마디에 2박과 4박에 액센트가 있으며 8분 음표를 바운스 시키는 것이 특징입니다. 찬송가의 꽤 많은 곡들이 셔플리듬에 잘 적용됩니다.

목마른 내 영혼

찬송가 309장 목마른 내 영혼

드럼 패턴

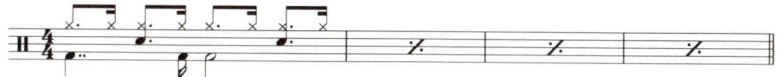

드럼-목마른 내 영혼

기타 패턴

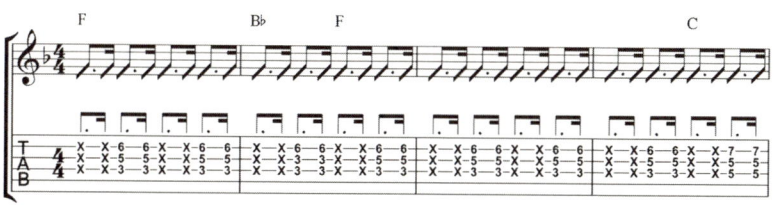

기타-목마른 내 영혼

베이스기타 패턴

베이스기타-목마른 내 영혼

건반 패턴

건반-목마른 내 영혼

(5) 락(8 Beat Rock)

락(Rock)은 로큰롤(Rock N Roll)부터 리듬앤블루스(R&B), 하드락(Hard Rock), 헤비메탈(Metal), 펑크락(Punk Rock) 등 많은 부분 장르들이 파생되었습니다. 그리고 90년대 이후로는 격한 사운드가 정제되고 조금 순화된 일반적인 락(Rock)을 모던락(Modern Rock)이라고 지칭하게 되었습니다. 현대 교회 음악에서도 많은 곡들이 모던락(Modern Rock)으로 연주되며 유행하게 되었고, 8비트(Beat)로 연주되는 일률적인 리듬에 집중하면 됩니다.

찬송가 214장 변찮는 주님의 사랑과

드럼 패턴

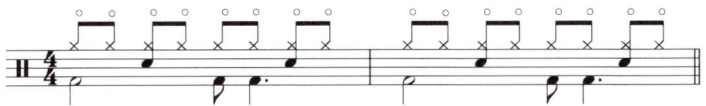

드럼–변찮는 주님의 사랑과

기타 패턴

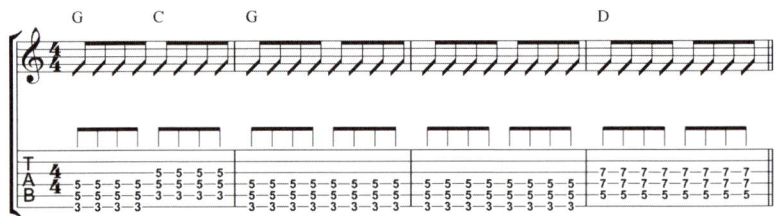

기타–변찮는 주님의 사랑과

베이스기타 패턴

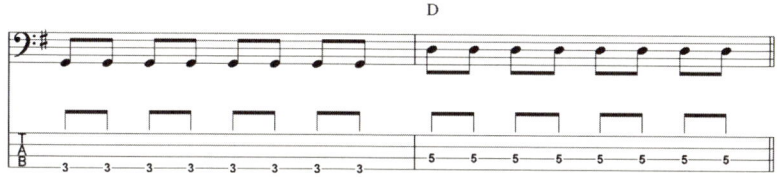

베이스기타-변찮는 주님의 사랑과

건반 패턴

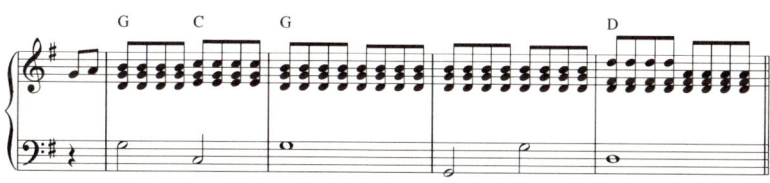

건반-변찮는 주님의 사랑과

(6) 보사노바(Bossa nova)

브라질에서 탄생한 삼바에 모던재즈가 결합해서 발달한 장르로, 삼바보다 더 부드럽고 빠르기도 적당하여 현대 찬양에 많이 적용되고 있습니다.

보사노바(bossa nova)의 기본적인 리듬

• 찬양에 적용

주와 같이 길 가는 것

430장 주와 같이 길 가는 것

드럼 패턴

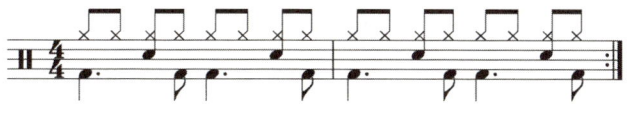

드럼-주와 같이 길 가는 것

기타 패턴

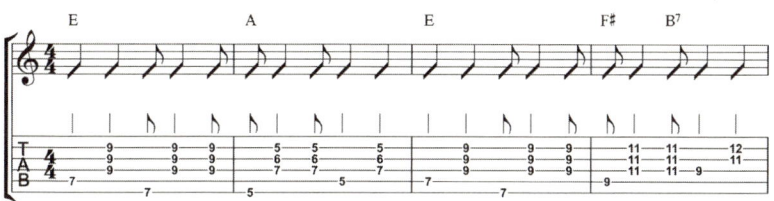

기타-주와 같이 길 가는 것

베이스기타 패턴

베이스기타-주와 같이 길 가는 것

건반 패턴

건반-주와 같이 길 가는 것

(7) 스윙(Swing)

1930년대 중반에서 1940년대 초반에 걸쳐 미국 뉴욕을 중심으로 성행한 재즈 연주 스타일입니다. 박자에 정확하게 맞춰 연주하는 것이 아니고, 박자보다 약간 늦거나 빠르게 움직이면서 리듬감을 만들어내는 것이 특징입니다. 댄스 음악으로 시작되었기 때문에 템포가 빠른것이 특징인데, 현대에는 슬로우 스윙(Slow Swing)으로도 많이 사용됩니다.

(스윙은 기본 패턴의 예로 활용하시기 바랍니다)

드럼 패턴

드럼-스윙

기타 패턴

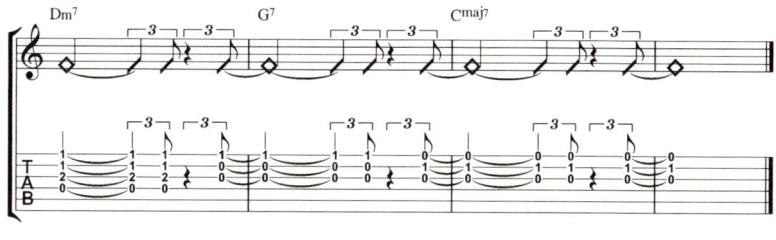

기타-스윙

베이스기타 패턴

• 2분음표 패턴

• 4분음표 패턴

베이스기타-스윙

(8) 펑키리듬(Funky Rhythm)

1950년대 흑인 댄스 음악에서 지칭되어 사용하기 시작하면서 유행 하게 되었는데, 흥겹고 자극적인 리듬이 특징입니다. 두 번째 박자와 네 번째 박자에 엑센트가 있으며, 현대 교회음악에서도 많이 쓰입니다.

(펑키리듬은 기본 패턴의 예로 활용하시기 바랍니다)

드럼 패턴

드럼-펑키리듬

기타 패턴

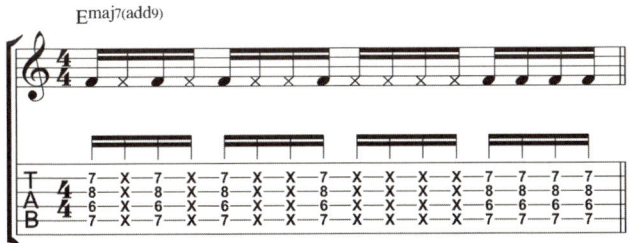

기타-펑키리듬

베이스기타 패턴

베이스기타-펑키리듬

건반 패턴

건반펑키리듬

Part 03

음정 화음 알기

1. 음정(Intervals)
2. 화음(Chords)
3. 조와 조표(Key, Key Signature)
4. 화음의 기능(Function of Chords)

그러므로 우리는 예수로 말미암아 항상 찬송의 제사를 하나님께 드리자 이는 그 이름을 증언하는 입술의 열매니라 오직 선을 행함과 서로 나누어 주기를 잊지 말라 하나님은 이같은 제사를 기뻐하시느니라(히13:15,16)

Part 03

음정 화음 알기

1. 음정(Intervals/인터벌즈)

1) 음정(Intervals/인터벌즈)이란

두 음 사이의 간격을 음정(Intervals/인터벌즈)이라고 하며 연속으로 나오는 음정을 선율음정(melodic interval/멜로딕 인터벌즈), 동시에 나오는 음정을 화성음정(harmonic interval/하모닉 인터벌즈)이라고 부릅니다. 1도, 2도 등의 '도' 라는 단위를 붙여 표시하며, 1도에서 8도까지의 음정인 '홑음정(single Intervals)', 9도 이상의 음정인 '겹음정(double Intervals)' 으로 나눕니다.

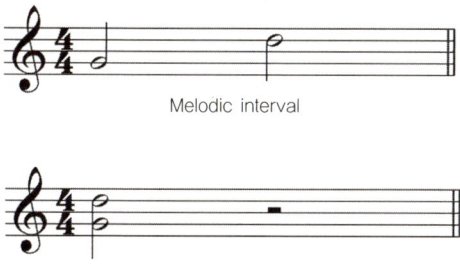

Melodic interval

Harmonic interval

2) 음정의 종류

음정은 그 음정을 구성하는 온음과 반음의 수에 따라 완전음정(Perfect interval/퍼펙트 인터벌), 장음정(Major interval/메이저 인터벌), 단음정(Minor interval/마이너 인터벌), 증음정(Augmented interval/어그멘티드 인터벌), 감음정(Diminished interval/디미니쉬드 인터벌)으로 나뉩니다.

3) 음정의 구분

(1) 기본 음정

가온 다(C)를 시작으로 원음에 해당되는 음과의 간격을 기본음정이라고 하며, 기본음정의 1도, 4도, 5도, 8도는 완전음정이며 2도, 3도, 6도, 7도는 장음정입니다.

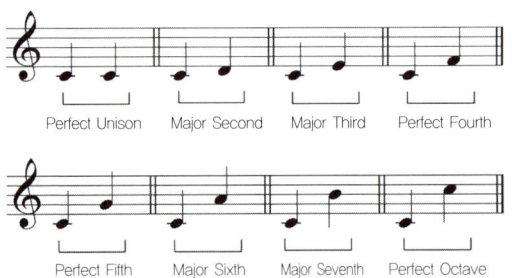

음정	반음 수	온음 + 반음 수
완전 1도(P1)	0	0+0
장 2도(M2)	2	1+0
장 3도(M3)	4	2+0
완전 4도(P4)	5	2+1
완전 5도(P5)	7	3+1
장 6도(M6)	9	4+1
장 7도(M7)	11	5+1
완전 8도(P8)	12	6+0

(2) 변화된 음정

완전음정이나 장음정이 임시표나 자리가 바뀌는 것에 의해 변화가 생길 때 두 음 사이의 간격이 넓어지거나 좁아집니다. 이 때 생기는 변화에 의한 음정의 표를 보고 음정을 다시 계산해야 합니다.

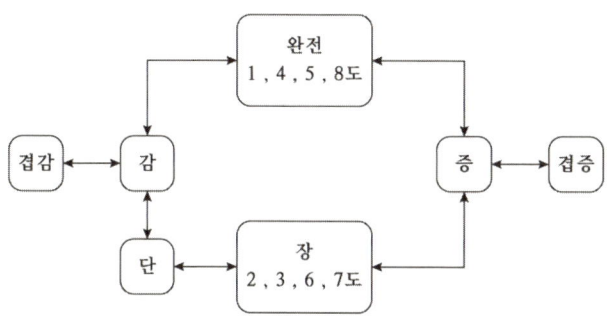

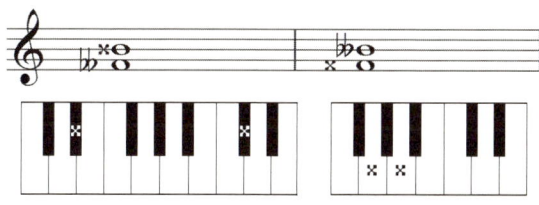

(3) 겹음정

겹음정은 홑음정의 성질을 그대로 가져옵니다.

8도 = 1도   9도 = 2도

10도 = 3도   11도 = 4도

12도 = 5도

적용하기

각각 다른 음정을 구별하고 표기하기.

1) 다음 음정의 이름을 표기하세요.

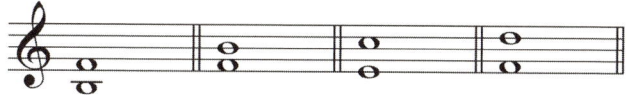

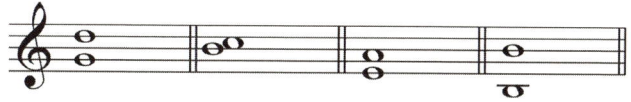

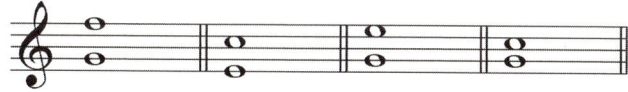

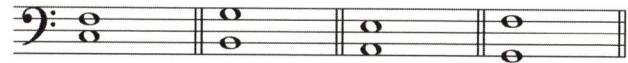

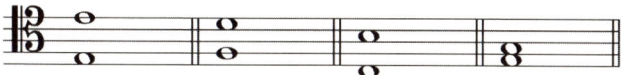

2) 다음 음정의 이름을 표기하세요.

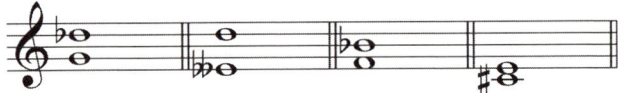

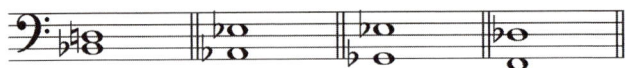

Part 03. 음정 화음 알기

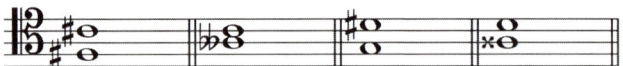

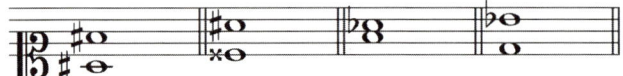

3) 다음 겹음정의 이름을 표기하세요.

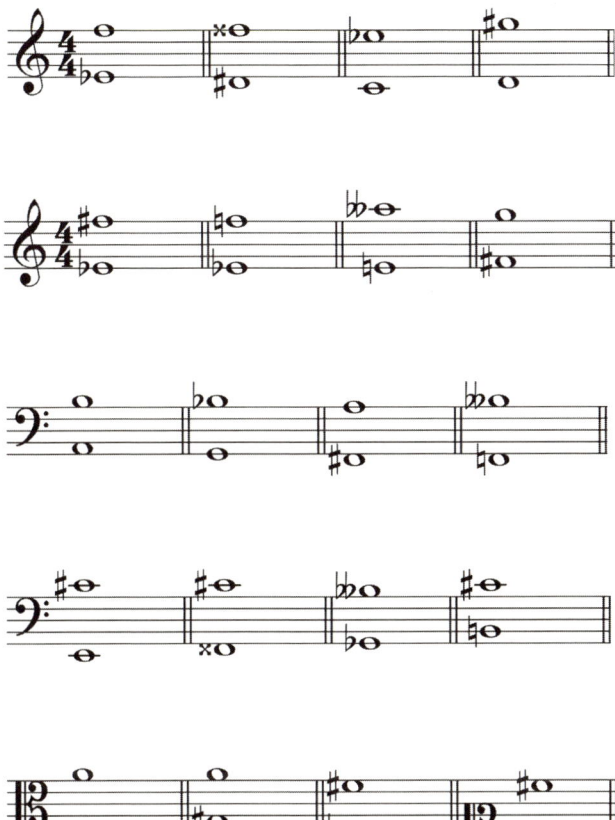

2. 화음(Chords/코드)

1) 3화음(Triad chord/트라이어드 코드)

 높이가 다른 2개 이상의 음이 동시에 울리는 것을 화음(Chord/코드)이라고 합니다.

 화음의 가장 기본은 3화음(Triad Chord/트라이어드 코드)입니다.

 기본 음 위에 3도 위와 5도위에 쌓아서 생긴 화음이며, 가장 아래에 있는 음을 밑음 또는 근음(Root/루트), 3음(3rd/써드), 5음(5th/휩스)라고 부릅니다.

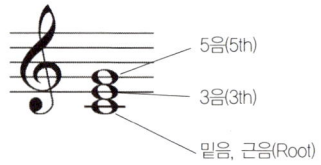

2) 3화음의 종류와 표기법

(1) 3화음의 종류

3화음은 크게 장3화음(Major Triad chords / 메이저 트라이어드 코드), 단3화음(Minor Triad chords / 마이너 트라이어드 코드), 증3화음(Augmented Triad chords / 어그멘티드 트라이어드 코드), 감3화음(Diminished Triad chords / 디미니쉬드 트라이어드 코드)로 나뉩니다.

그 구성은 다음과 같습니다.

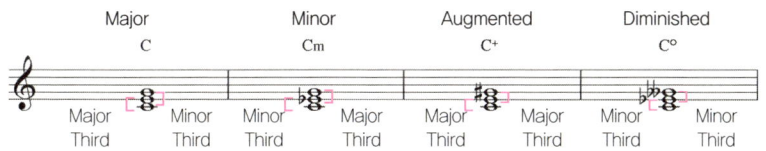

(2) 3화음(Triad/트라이어드)의 코드 표기법

장3화음(Major Triad chords / 메이저 트라이어드 코드)
: 근음(root / 루트)에 해당되는 음을 알파벳 대문자로 표기합니다.

$$C, \ D, \ E, \ F, \ G^\#, \ A^\#, \ Bb, \ Ab.$$

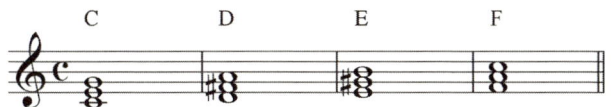

단3화음(Minor Triad chords / 마이너 트라이어드 코드): 근음(Root)에 해당되는 음을 알파벳 대문자로 표기한 뒤 단(minor / 마이너)의 약자인 소문자 "m"을 같이 표기합니다. 또 다른 표현의 방식으로는 mi, -, 등을 사용합니다.

$$Cm,\ Cmi,\ C^-$$

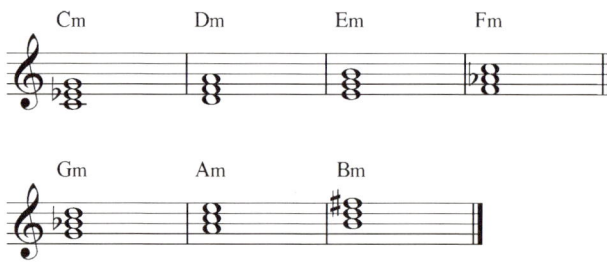

증3화음(Augmented Triad chords / 어그멘티드 트라이어드 코드): 근음(Root / 루트)에 해당되는 음을 알파벳 대문자로 표기한 뒤 Aug 또는 +를 같이 표기합니다.

$$Caug,\ C^+$$

감3화음(Diminished Triad chords / 디미니쉬드 트라이어드 코드): 근음(Root)에 해당되는 음을 알파벳 대문자로 표기한 뒤 "dim" 또는 "○"를 같이 표기합니다.

$$C^{dim}, C^{\circ}$$

(3) 음정의 전위

음정의 자리가 바뀌어 근음(Root)의 위치가 바뀔 경우 코드 표기도 달라집니다.

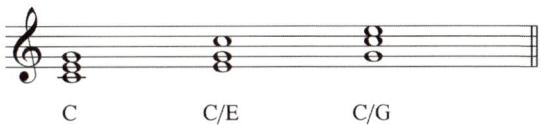

적용하기

1. 장.단.증.감.화음 만들고 그 위에 코드 표기하기

1) 주어진 음을 근음(Root)으로 하여 장3화음(Major Chord)을 만들고, 위에 코드(Chord)를 표기하세요.

2) 주어진 음을 근음(Root)으로 하여 단3화음(Minor Chord)을 만들고, 위에 코드(Chord)를 표기하세요.

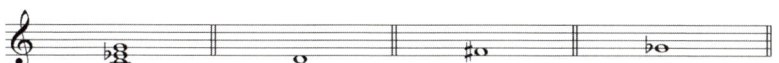

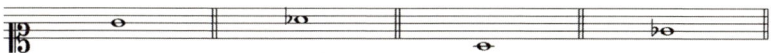

3) 주어진 음을 근음(Root)으로 하여 증3화음(Augmented Chord)을 만들고, 위에 코드(Chord)를 표기하세요.

4) 주어진 음을 근음(Root)으로 하여 감3화음(Diminished Chord)을 만들고, 위에 코드(Chord)를 표기하세요.

2. 코드 표기를 보고 화음 채우기

*주어진 코드를 보고 음표를 그려서 화음을 채우세요.

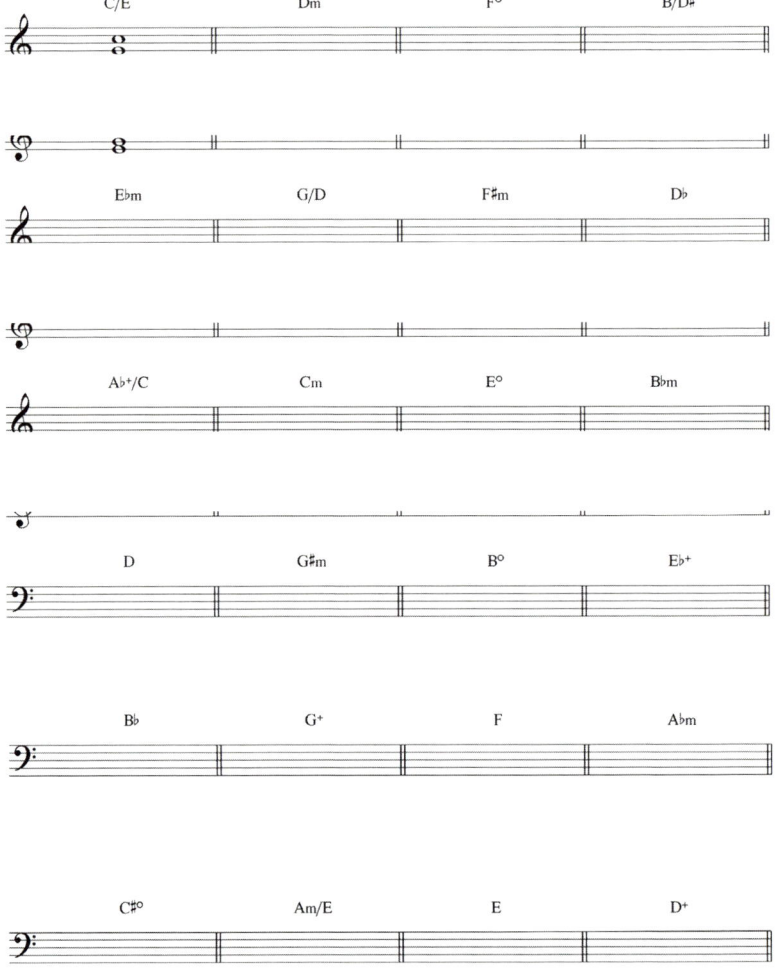

3) 7화음(7th Chords/세븐스 코드)

3화음 위에 하나의 음을 3도 위로 더 쌓아 만든 화음으로 4개의 음으로 구성되어 있습니다.

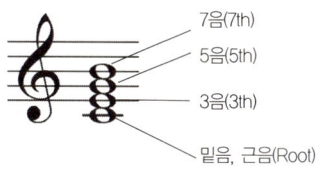

4) 7화음의 종류와 표기법

(1) 7화음의 종류

7화음의 종류에는 속7화음(Dominant 7th Chords/도미넌트 세븐스 코드), 장7화음(Major 7th Chords/메이저 세븐스 코드), 단7화음(Minor 7th Chords/마이너 세븐스 코드), 감7화음(Diminished 7th Chords/디미니쉬드 세븐스 코드), 반감7화음(Half Diminished 7th Chords/하프 디미니쉬드 세븐스 코드)으로 나뉩니다.

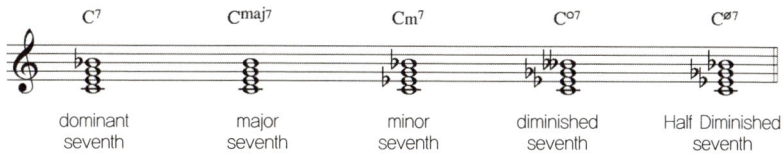

(2) 7화음(7th Chords)의 표기법

속7화음(Dominant 7th Chords/도미넌트 세븐스 코드)의 구성은 장3도(근음부터 3음), 장3도(3음부터 5음), 단3도(5음부터 7음)로 구성되어 있으며, 코드 표기는 알파벳 대문자에 숫자 "7"을 함께 붙여줍니다.

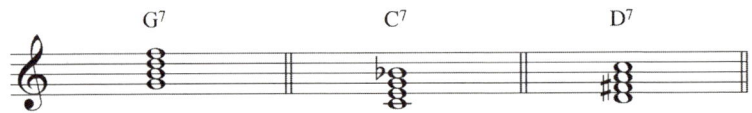

장7화음(Major 7th Chords/메이저 세븐스 코드)의 구성은 장3, 단3, 장3으로 구성되어 있으며, 코드 표기는 알파벳 대문자 옆에 "maj7", 또는 "M7", 또는 "△7"을 붙여줍니다.

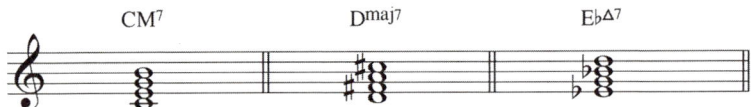

단7화음(Minor 7th Chords / 마이너 세븐스 코드)의 구성은 단3, 장3, 단3으로 구성되어 있으며, 코드 표기는 알파벳 대문자 옆에 "m7" 또는 "mi7", 또는 "-7"을 붙여줍니다.

감7화음(Diminished 7th Chords / 디미니쉬드 세븐스 코드)의 구성은 단3, 단3, 단3으로 구성되어 있으며, 코드 표기는 알파벳 대문자 옆에 "o7", 또는 "dim7"을 붙여줍니다.

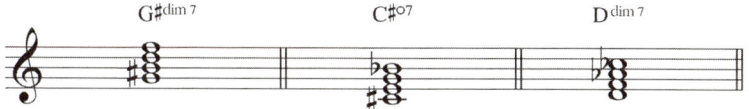

반감7화음(Half Diminished 7th Chords / 하프 디미니쉬드 세븐스 코드)의 구성은 단3, 단3, 장3으로 구성되어 있으며, 코드 표기는 알파벳 대문자 옆에 "m7(b5)"를 붙여줍니다. 간혹 클래식 전통화성학에서 쓰이는 "∅ (Half)"표시를 사용하기도 합니다.

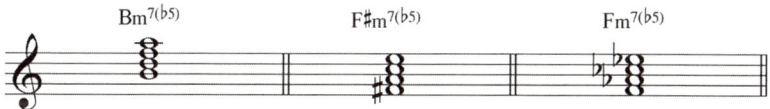

적용하기

* 7th Chords 만들고, 코드 표기하기

1. 주어진 코드를 보고 음표를 그려서 화음을 채우세요.

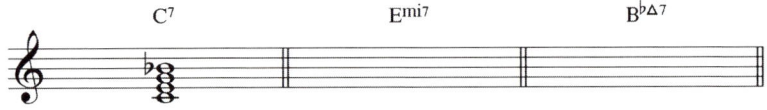

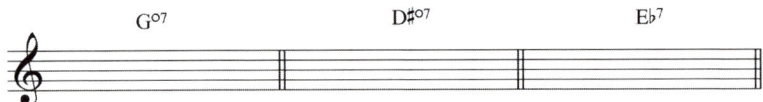

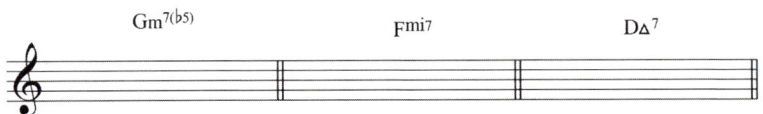

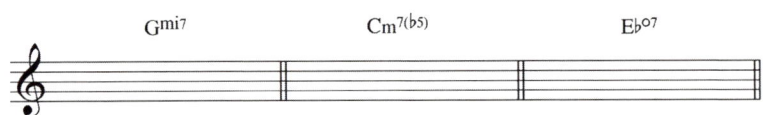

2. 주어진 화음을 보고 코드를 표기하세요.

3. 전위된 음정을 포함한 화음을 보고 코드를 표기하세요.

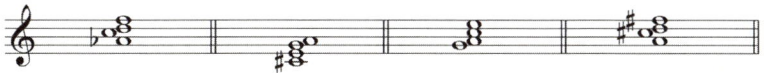

3. 조와 조표(Key/키, Key Signature/키 시그니쳐)

1) 올림표(Sharps/샵)

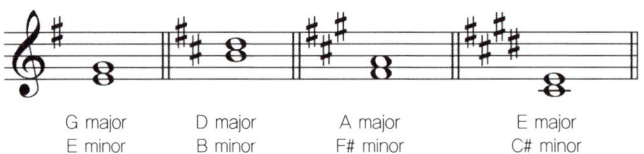

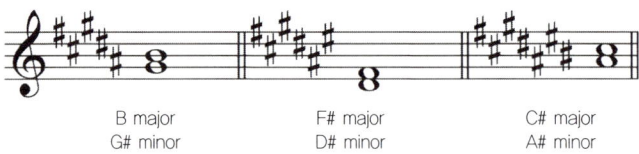

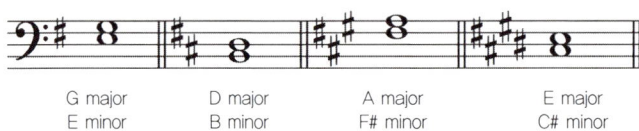

2) 내림표(Flats/플랫) ♭

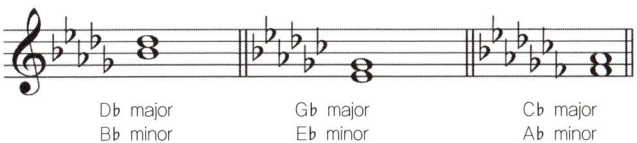

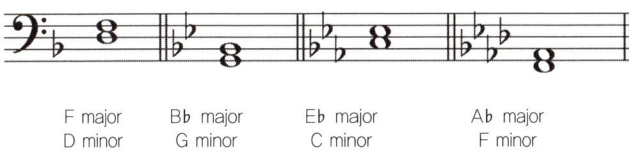

3) 5도권(Cycle of fifth/싸이클 오브 휩스)

모든 조성을 5도권으로 표현하면 다음과 같습니다.

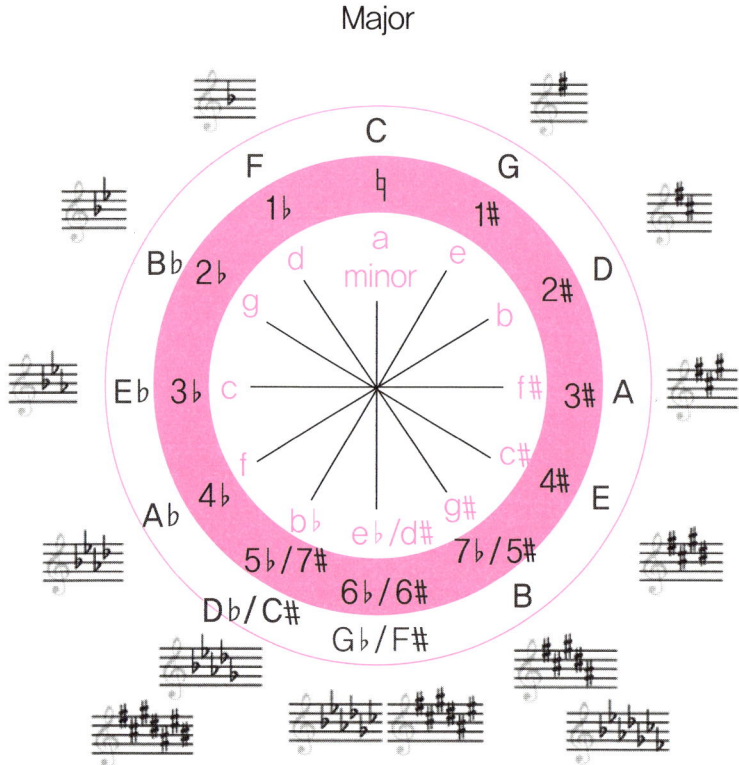

적용하기

*으뜸음 찾기

1. 다음 나와 있는 조표에 장조와 단조의 으뜸음을 그려 넣으세요.

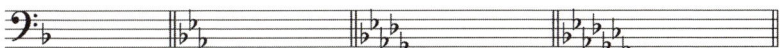

2. 다음의 악보 위에 적절한 코드를 표기하세요.

목마른 사슴

3.. 다음의 악보 위에 적절한 코드를 표기하세요.

내게 있는 향유옥합

내 게 있 는 향 유 옥 합 주 께ー가 져 와

그 발 위 에 입 맞 추 고 깨 뜨 립 니 다

나 를 위 해 험 한 산 길 오 르 신 그 발

걸 음 마 다 크 신 사 랑 새 겨ー놓 았 네

4. 화음의 기능(Function of Chords)

1) 화음의 기능

화음의 기능은 크게 세 가지로 구분됩니다. 그 화성의 중심 역할을 하는 으뜸화음(Tonic/토닉), 그리고 으뜸화음에 항상 딸려 나오는 딸림화음(Dominant/도미넌트), 딸림화음에 버금가는 역할을 하는 버금딸림화음(Subdominant/서브도미넌트)가 그것들이며, 이 세 가지의 기능에 모든 복잡한 화음이 들어가게 됩니다.

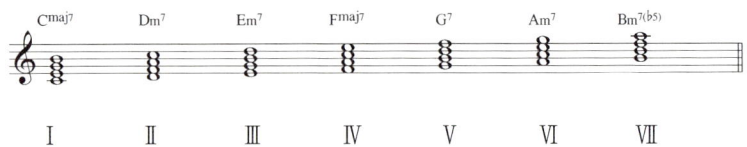

2) Tonic(토닉)의 기능

으뜸화음(Tonic)기능을 하는 화음(Chord)은 Ⅰ도 화음과 공통음을 많이 갖고 있는 화음인 Ⅵ도와 Ⅲ도가 그에 속합니다.

3) Dominant(도미넌트)의 기능

딸림화음(Dominant)기능을 하는 화음(Chord)은 Ⅴ도 화음과 공통음을 많이 갖고 있는 화음인 Ⅶ가 그에 속합니다.

4) Subdominant(서브도미넌트)의 기능

버금딸림화음(Subdominant) 기능을 하는 화음(Chord)은 IV도 화음과 공통음을 많이 갖고 있는 화음인 II도와 VI도가 그에 속합니다. VI도는 Tonic과 Subdominant 둘 다의 기능을 대리로 사용할 수 있는 화음입니다.

적용하기

1. 다음 악보에 나와 있는 화음들을 화음의 기능에 맞게 대리로 사용할 수 있는 코드로 추가하거나 바꾼 뒤 화성분석을 하세요.

예수 사랑하심을

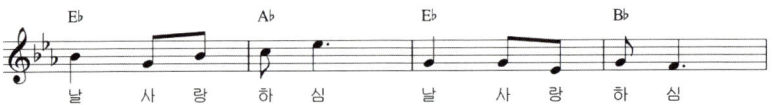

2. 다음 악보에 나와 있는 화음들을 화음의 기능에 맞게 대리로 사용할 수 있는 코드로 추가하거나 바꾼 뒤 화성분석을 하세요.

인애하신 구세주여

Part 04

형식과 음계 파악하기

1. 형식(Musical Form)
2. 음계(Scale)

아버지께 참되게 예배하는 자들은 영과 진리로 예배할 때가 오나니 곧 이 때라 아버지께서는
자기에게 이렇게 예배하는 자들을 찾으시느니라 하나님은 영이시니 예배하는 자가
영과 진리로 예배할지니라(요4:23,24)

Part 04

형식과 음계 파악하기

1. 형식(Musical Form/뮤지컬 폼)

최소 2마디로 된 것을 동기(Motive/모티브)라고 부릅니다. 동기가 발전되고 자라서 악절(Phrase/프레이즈)이 됩니다. 보통은 두 개의 동기(Motive/모티브)가 결합된 4마디 구조로 되어 있으며 이것을 작은악절(Phrase/프레이즈)이라고 부릅니다. 그 작은악절 2개가 결합하여 8마디 구조가 되면 큰악절(Period/페리오드)라고 부릅니다.

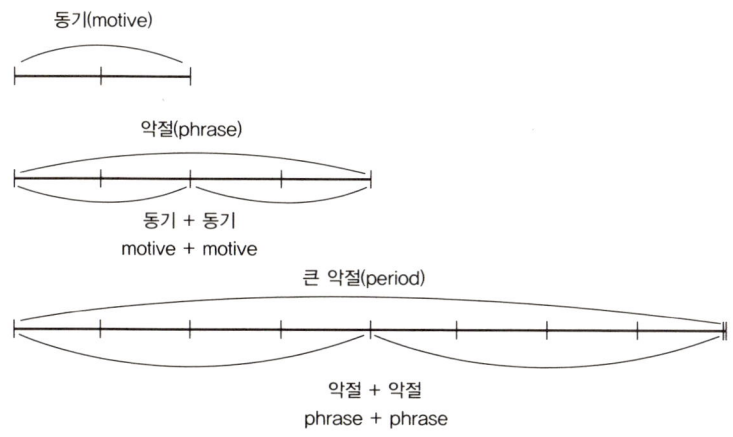

동기의 연결 방식

(1) a a a a

(2) a a a b

(3) a b a b

a + b + a + b

(4) a b c b

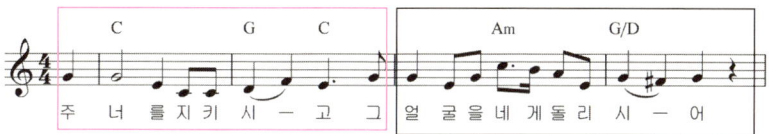

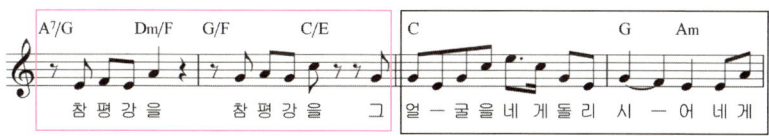

a + b + c + b

(5) a b c d

a + b + c + d

*tip : 이 외에도 a + b + a + c / a + a + b + b 등 다양하게 활용할 수 있습니다.

1) 한도막 형식(One-Part-Form/원 파트 폼)

한도막 형식(One-Part-Form/원 파트 폼)은 큰악절(Period/페리오드) 한 개로 구성됩니다.

짧은 동요와 짧은 찬양들이 대부분 한도막 형식(One-Part-Form/원 파트 폼)으로 되어 있습니다.

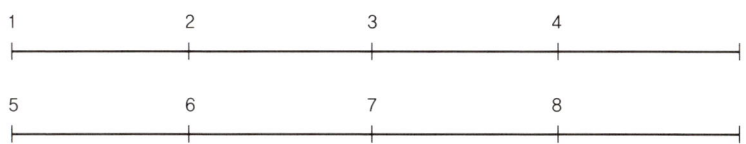

찬양하라 내 영혼아

만 입이 내게 있으면

2) 두도막 형식(Two-Part-Form/투 파트 폼)

　두도막 형식(Two-Part-Form/투 파트 폼)은 큰악절(Period/페리오드) 2개로 구성되어지며 한도막 형식(One-Part-Form/원 파트 폼)의 두배의 길이를 갖습니다. 대부분의 찬송가들이 두도막 형식(Two-Part-Form/투 파트 폼)으로 되어 있습니다.

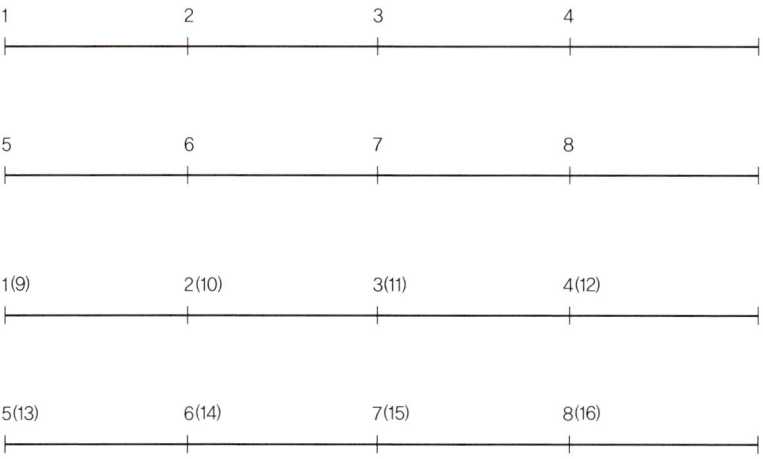

다음 예에 나오는 찬송가의 앞부분인 "예수 나를 위하여", "십자가를 지심은"에 해당되는 부분은 "절(Verse/벌스)", 뒷부분에 절수와 상관없이 계속 반복되는 부분은 "후렴(Chorus/코러스)" 라고 지칭합니다.

예수 나를 위하여

3) 세도막 형식(Three-Part-Form/쓰리 파트 폼)

　세도막 형식(Three-Part-Form/쓰리 파트 폼)은 세 개의 큰악절(Period/페리오드)로 구성되어 있으며, 절(Verse/벌스)과 후렴(Chorus/코러스)의 반복, 그리고 연결구(Bridge/브릿지)로 구성되거나, 절(Verse/벌스)과, 후렴으로 가기 위한 부분(Pre-Chorus/프리 코러스), 그리고 후렴(Chorus/코러스)으로 구성되기도 합니다. 전자의 경우는 세도막 형식(Three-Part-Form/쓰리 파트 폼)보다는 겹 두 도막 형식(Double Two-Part-Form/더블 투 파트 폼) -두 도막 형식이 한번 더 나오는 형식-을 갖기도 합니다.

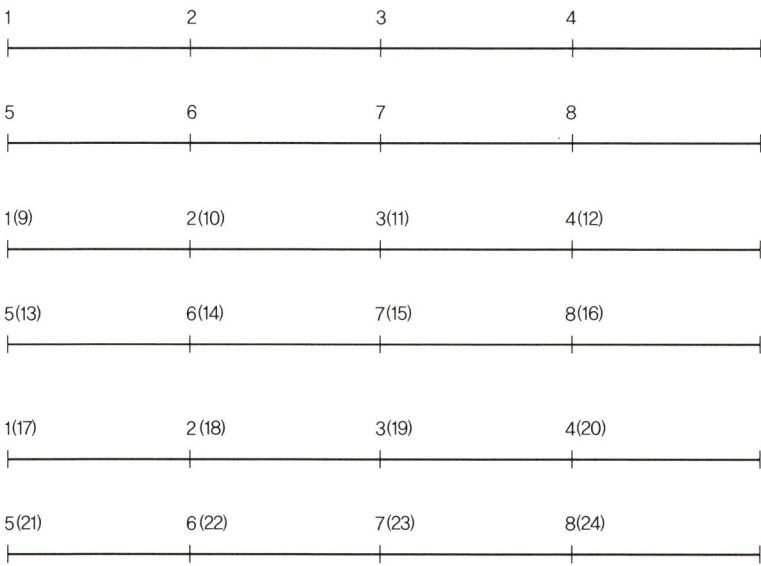

그 크신 하나님의 사랑

그 크신 하나님의 사랑

4) 작은 세도막 형식(Small Three-Part-Form/스몰 쓰리 파트 폼)

작은악절(Phrase/프레이즈) 세 개의 결합으로 이루어진 형식으로 생각보다 꽤 많은 찬송가에 나타납니다.

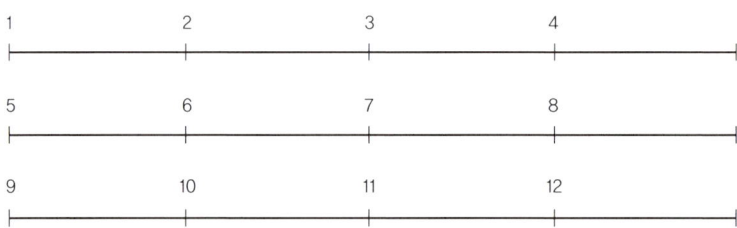

예수님은 누구신가

고요한 밤 거룩한 밤

고요한 밤

*tip : 악보를 보며 구성을 분석해 보는 것은 도움이 많이 됩니다. 많은 곡들을 분석해 보시기 바랍니다.

2. 음계(Scale/스케일)

어떤 음에서 시작되어 옥타브 위의 같은 음이 나올 때까지 정해진 규칙에 의해 나열된 음렬을 음계라고 합니다. 음계에 따라 화음(Chords/코드)의 역할이 달라지며, 구성음도 달라집니다.

1) 장음계(Major Scale/메이저 스케일)

장음계의 규칙: 3번째와 4번째, 그리고 7번째와 8번째 음 사이가 반음(Semi Tone/세미 톤)이고 나머지는 온음(Whole tone/홀 톤)으로 이루어진 음열입니다. 다음 그림에서 볼 수 있듯이 임시표 없이 이루어진 음계를 다이아토닉 스케일(Diatonic Scale)이라고 합니다.

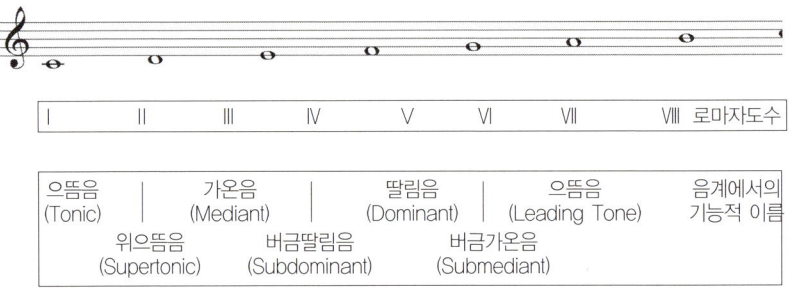

음계 위에 임시표 없이 온음으로 이루어진 코드를 다이아토닉 코드(Diatonic Chords)라고 합니다.

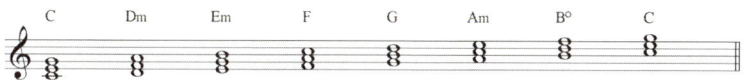

장음계(major scale/메이저 스케일)의 다이아토닉 코드(Diatonic Chords)

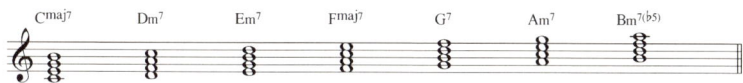

장음계(major scale/메이저 스케일)의 다이아토닉 세븐스 코드(Diatonic 7th Chords)

2) 단음계(Minor Scale/마이너 스케일)

단음계는 장음계와 '규칙'이 다릅니다. 단음계는 2번째와 3번째, 다섯번째와 여섯번째 사이가 '반음(Semi tone/세미 톤)'이며 나머지는 온음(Whole Tone/홀 톤)으로 이루어져 있습니다.

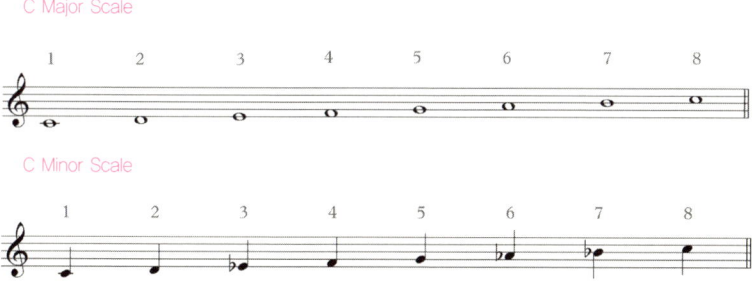

(1) 자연단음계(Nature Minor Scale/네츄럴 마이너 스케일)

단음계의 기본형으로 2-3, 5-6사이가 '반음(Semi Tone/세미 톤)'으로 되어 있는 음계(scale/스케일)입니다. 자연단음계는 7-8음 사이가 온음(Whole Tone/홀 톤)으로 되어 있기 때문에 이끈음(Leading Tone/리딩 톤)의 역할을 할 수 없고, 필요에 의해 음정구조를 바꾸어 다른 음계를 사용합니다.

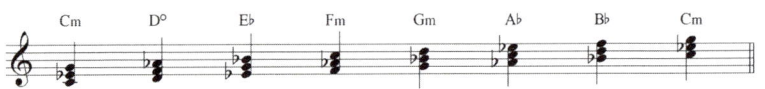

자연단음계(Natural Minor scale/네츄럴 마이너 스케일)의 다이아토닉 코드(Diatonic Chords)

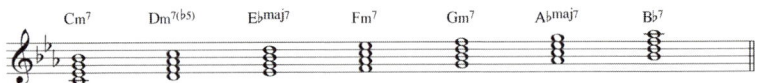

자연단음계(Natural Minor scale/네추럴 마이너 스케일)의 다이아토닉 세븐스 코드(Diatonic 7th Chords)

(2) 화성단음계(Harmonic Minor Scale /하모닉 마이너 스케일)

자연단음계(Natural Minor Scale/네추럴 마이너 스케일)에서 이끈음(Leading Tone/리딩 톤)의 역할을 사용할 수 있게 해 준 음계로 6-7음 사이가 증2도가 되고, 7-8음 사이가 반음 즉 단2도가 됩니다.

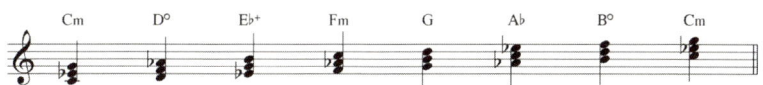

화성단음계(Harmonic Minor scale/하모닉 마이너 스케일)의 다이아토닉 코드(Diatonic Chords)

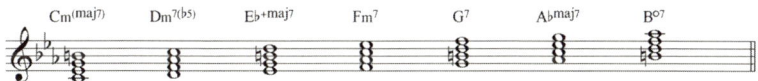

화성단음계(Harmonic Minor scale/하모닉 마이너 스케일)의 다이아토닉 세븐스 코드(Diatonic 7th Chords)

(3) 선율단음계(Melodic Minor Scale/멜로딕 마이너 스케일)

화성단음계(Harmonic Minor Scale/멜로딕 마이너 스케일)에서 생긴 6-7 사이의 증2도가 색다른 느낌을 주기도 하지만, 전에 없던 간격이라 생긴 불편함을 덜기 위해 6음에도 반음을 올려 6-7음 사이를 장2도로 만들어 줍니다.

선율단음계(Melodic Minor scale/멜로딕 마이너 스케일)의 다이아토닉 코드(Diatonic Chords)

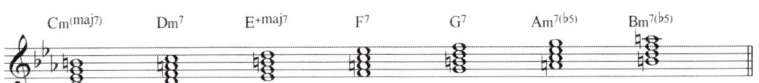

선율단음계(Melodic Minor scale/멜로딕 마이너 스케일)의 다이아토닉 세븐스 코드(Diatonic 7th Chords)

3) 교회선법(Church Modes/쳐치 모드)

교회선법은 중세시대부터 르네상스 시대에 걸쳐 사용되었던 8가지 선법입니다.

16세기 이후, 17세기에 걸쳐 장.단음계의 체계가 잡히면서 교회선법은 사라지는 듯했으나 현대 재즈(Modern Jazz)에서 다양한 음색을 특징 삼아 종종 사용되고 있습니다.

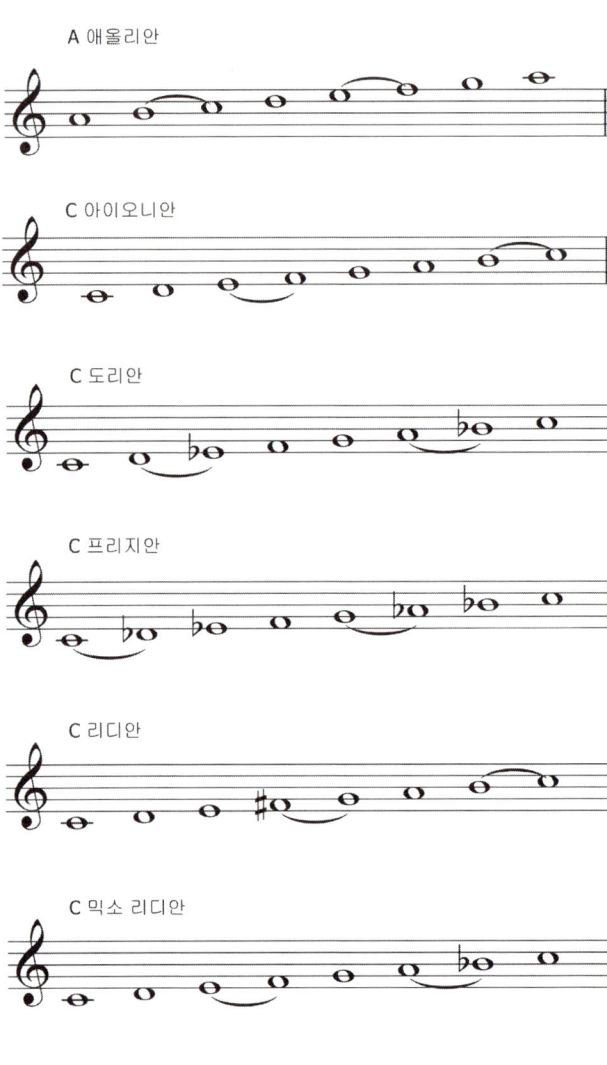

4) 블루스(Blues)

17세기에 흑인 노예들이 아프리카 전통음악과 유럽음악을 접목 시키면서 발전된 장르입니다. 점차 시카고 블루스(Chicago Blues), 디트로이트 블루스(Detroit Blues), 리듬 앤드 블루스(Rhythm And Blues) 등으로 발전했습니다. 블루스는 형식(Form/폼)과 음계(Scale/스케일)의 특징을 잘 살려야 합니다.

(1) 블루스 형식(Blues Form)

블루스는 12마디 형식으로 "작은 세도막 형식(Small Three Part Form)"으로 되어 있습니다. 전형적인 블루스 형식(Blues Form)의 코드(Chords)를 보면 다음과 같습니다.

$$\begin{array}{|l|l|l|l|}
\hline
\frac{4}{4}\|C_7 & \% & \% & \% \\
F_7 & \% & C_7 & \% \\
G_7 & F_7 & C_7 & \% \\
\hline
\end{array}$$

위의 블루스 형식에는 C key로 표기되어 있는데요, 블루스는 가장 흔하게 연주되는 조성(Key)이 F key입니다. 그래서 F key로 다시 표기하면 다음과 같습니다.

$$\begin{array}{|l|l|l|l|}
\hline
\frac{4}{4}\|F_7 & \% & \% & \% \\
B\flat_7 & \% & F_7 & \% \\
C_7 & B\flat_7 & F_7 & \% \\
\hline
\end{array}$$

(2) 블루스 스케일(Blues Scale)

블루스 스케일은 '블루노트(Blue note)'가 있는 "블루 노트 펜타토닉 스케일(Blue Note Pentatonic Scale)이 기본 원형이 됩니다.

그렇다면 '블루노트'는 무엇인가? 블루 노트(Blue Note)는 3음(3rd)과 7음(7th)을 반음 내린 것을 지칭합니다. 펜타토닉 스케일(Pentatonic Scale)이란 "5음 음계" 즉, 5개의 음으로 되어 있는 음계를 말합니다.

• C 블루스 펜타토닉 스케일

• C 블루노트 스케일

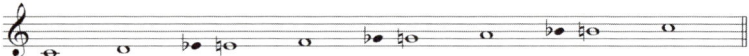

• 메이저 블루스

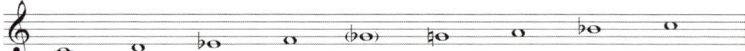

• 마이너 블루스

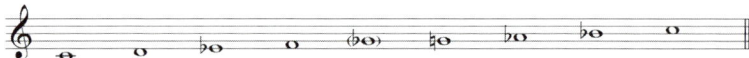

적용하기

음계 Scale 완성하기

1. 다음의 첫 음으로 시작되는 장음계(Major Scale)을 완성하세요.

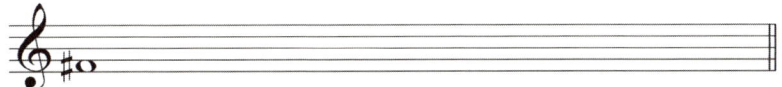

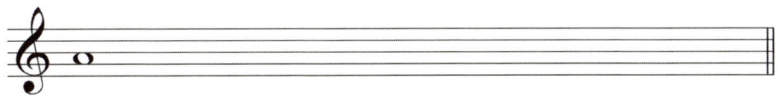

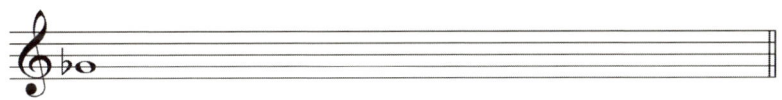

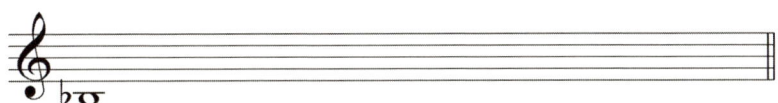

2. 다음의 첫 음으로 시작되는 단음계(Minor Scale)를 완성하세요.
(자연 단음계로 그리세요.)

(화성 단음계로 완성하세요.)

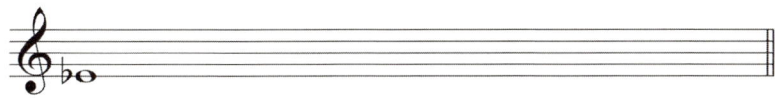

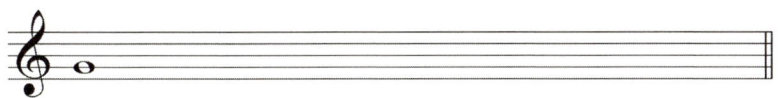

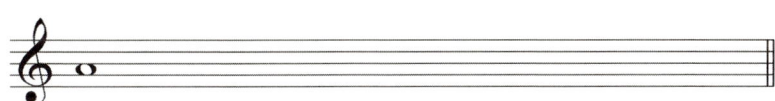

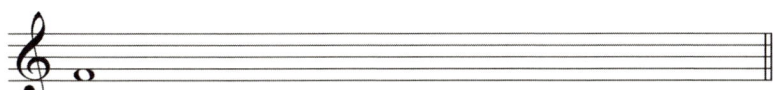

(선율 단음계로 완성하세요.)

3. 다음의 첫 음으로 시작되는 선법(Mode)을 완성하세요.

E Mixo-Lydian

F Dorian

C# Locrian

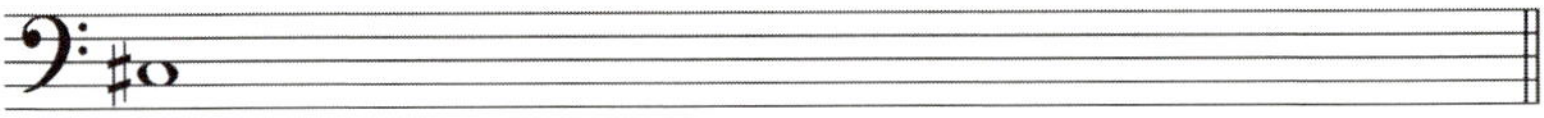

D phrygian

Bb Lydian

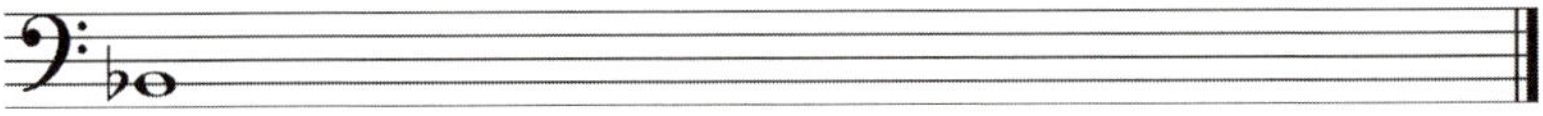

4. 다음의 첫 음으로 시작되는 블루스 스케일(Blues Scale)을 완성하세요.

Part 05

바르게 악보 그리기

1. 음표는 이렇게
2. 쉼표는 이렇게
3. 음자리표 그리기
4. 임시표 그리기

이에 그가 그들을 자기 마음의 완전함으로 기르고 그의 손의 능숙함으로 그들을 지도하였도다(시78:72)

Part 05
바르게 악보 그리기

1. 음표는 이렇게

1) 머리의 크기와 위치

음표에서의 머리는 오선의 '칸' 과 '줄' 에 잘 맞게 그려야 하며 크기도 넘치거나 부족하지 않게 알맞게 그려야 합니다.

2) 기둥의 방향

음표에서의 기둥은 셋째 줄 이상은 아래로, 셋째 줄 이하는 위로 향하게 그립니다. 즉, 셋째 줄을 위나 아래, 둘 다 가능합니다만 대부분은 아래로 향하게 그리게 됩니다.

3) 꼬리 연결하기

(1) 박자에 맞는 꼬리 연결

꼬리는 박자에 맞게 연결해 주는 것이 기본입니다. 2박자 계열은 한마디에 2개로 꼬리가 분할되게 만들어주고, 3박자는 3개로, 4박자는 4개 또는 2개로 분할되게 만들어줘야 합니다. 주의 할 것은 꼬리의 연결 상태가 좋지 않으면 박자를 정확하게 판단하는데 어려움을 겪을 수 있으므로 꼬리 연결을 더욱 세심하게 그려야 합니다.

(2) 가사에 맞는 꼬리 연결

고전 성악곡은 가사에 따라 꼬리가 분리됩니다. 하지만 대중적인 찬양 악보는 박자에 맞게 꼬리를 붙여줍니다.

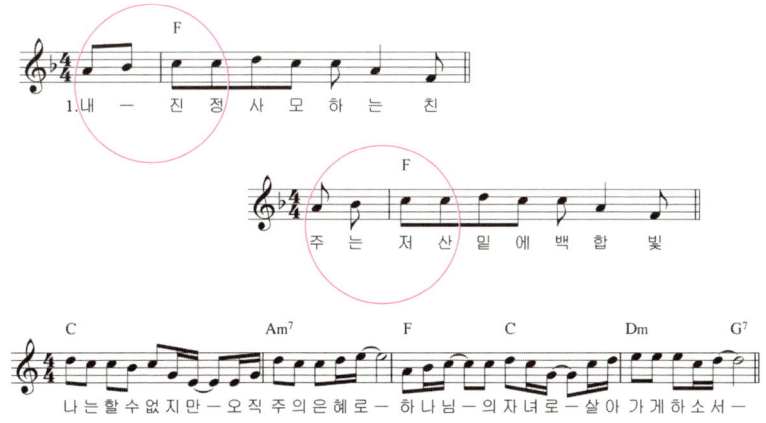

(3) 꼬리가 연결될 때의 기둥 방향

꼬리가 연결 되어 있을 때는 기둥의 방향이 '다수'의 꼬리를 따라가게 됩니다.

(4) 점의 위치

점은 머리의 오른쪽 살짝 아래에 위치합니다. 칸에 있는 음표일 경우는 같은 칸에서 살짝 아래로, 줄에 있는 음표일 경우는 머리가 걸쳐 있는 줄 아래 칸에 점을 찍습니다.

2. 쉼표는 이렇게

1) 쉼표 모양

(1) 온쉼표(Whole rest/홀 레스트) 와 2분 쉼표(Half rest/하프 레스트)

온쉼표와 2분 쉼표는 모양이 같고, 위-아래 방향만 다릅니다. 그래서 처음 그리는 학생들이 많이 헷갈려 하지만, 곧 익숙해질 것입니다.

(2) 4분 쉼표(Quarter rest/쿼터 레스트)

4분 쉼표는 대체적으로 그리기 어렵다고들 생각합니다. 다음과 같이 그립니다. 천천히 그려보세요.

(3) 8분 쉼표(Eighth rest/에잇스 레스트), 16분 쉼표(sixteenth rest/식스틴스 레스트)

쉼표의 꼬리도 음표의 꼬리와 마찬가지로 박자가 분할됨에 따라 늘어나게 됩니다.

(4) 쉼표를 그릴 때 주의 할 점.

쉼표를 그릴 때에도 박자에 맞게 그려줘야 하며, 2박자 3박자 계열대로 잘 그려주어야 합니다. 그러나 모든 마디를 다 쉴 때는 '온쉼표'를 사용합니다.

2) 정확한 위치

쉼표나 음표를 그릴 때 '마디' 안에서 정확한 위치를 잡아야 연주자들이 한눈에 읽고 연주를 할 수 있습니다. 마디를 박자에 맞게 잘 분할하여 잘 배치 시켜 그려 넣는 것은 매우 중요한 일입니다.

3) 음표와 쉼표가 섞여 있을 때

음표와 쉼표가 섞여 있을 때 그냥 그리면 되지만, 특히 짧은 길이로 섞여 있다면, 꼬리로 묶는 경우가 많습니다. 그럴 때에도 자연스럽게 그리면 됩니다. 잇단음표도 마찬가지입니다.

3. 음자리표 그리기

1) 높은음자리표(G Clef/지 클레프)

높은음자리표는 이름 자체에서 알 수 있듯이 G Clef이기 때문에 'G' 음에서 시작하여 그립니다.

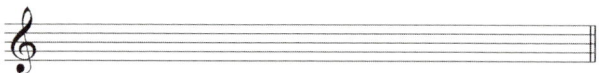

2) 낮은음자리표(F Clef/에프 클레프)

낮은음자리표는 'F' 음에서 시작하여 그립니다.

3) 가온음자리표(C Clef/씨 클레프)

가온음자리표는 세 가지가 주로 사용됩니다. 아래 그림을 참고하세요.

소프라노 음자리표   알토 음자리표   테너 음자리표

4. 임시표 그리기

1) ♯(올림표 Shop/샵), ×(겹 올림표/Double Shop/더블 샵)

올림표의 가운데의 네모 안에 '그 음'이 들어가야 합니다. 칸이나 줄이 그 네모 안에 정확히 들어가도록 그리세요. 겹올림표는 올림표를 두 개 그리지 않고 ×로 그립니다.

2) ♭(내림표/Flat/플렛), ♭♭(겹 내림표/Double Flat/더블 플렛)

내림표와 겹 내림표도 올림표와 마찬가지로 정확한 음에 붙여야 합니다. 내림표에서는 볼록~ 배가 나온 부분에 '그 음'이 정확히 들어가야 합니다.

3) 제자리표(Natural sign/네츄럴 사인)

제자리표도 정확한 위치에 그림을 그려야 합니다. 가운데 부분에 해당 음의 칸이나 줄이 위치해야 합니다.

적용하기

1. 아래에 나와 있는 악보에서 잘못된 부분을 바르게 고쳐보세요.

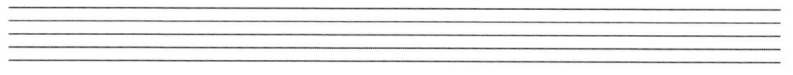

Part 06

깊이를 더하기

1. 텐션(Tension Note)
2. 조바꿈(Modulation)과 조옮김(Transposition)

그러므로 이제 너희는 이 노래를 써서 이스라엘 자손들에게 가르쳐 그들의 입으로 부르게 하여 이 노래로 나를 위하여 이스라엘 자손들에게 증거가 되게 하라(신31:19)

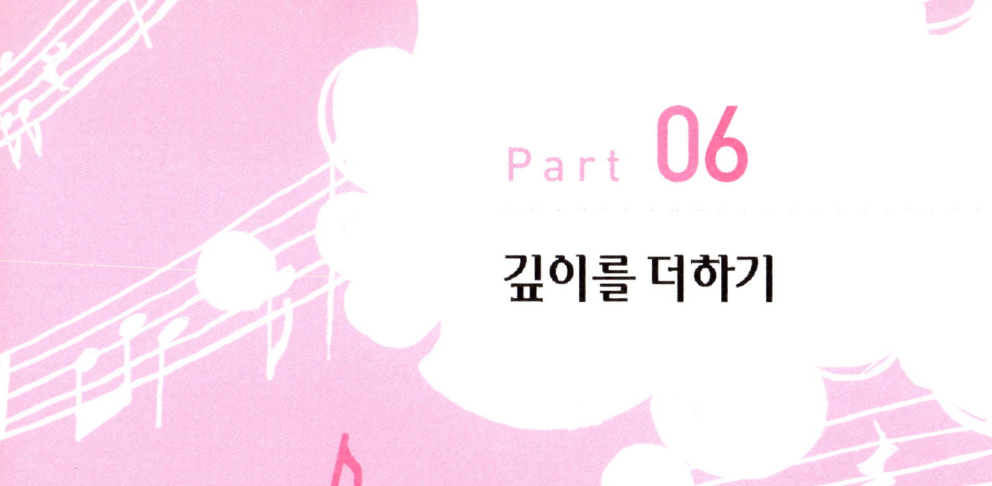

Part 06
깊이를 더하기

1. 텐션(Tension Note)

1) 텐션이란

텐션(Tension)은 긴장을 뜻하는 단어로 텐션노트(Tension Note)의 줄임말입니다.

코드(Chords)의 9, 11, 13이 텐션에 해당됩니다.

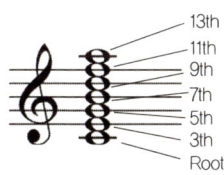

*tip : 텐션은 단어 자체에서 뜻하는 바와 같이 음악에서의 긴장감을 주므로 과도한 사용은 좋지 않습니다. 현대찬양에서는 적절한 텐션을 사용하여 음악의 색채를 다채롭게 만듭니다. 조금 더 세련된 느낌을 줄 수 있는 좋은 첨가제 역할을 하지요.

2) 텐션의 표기

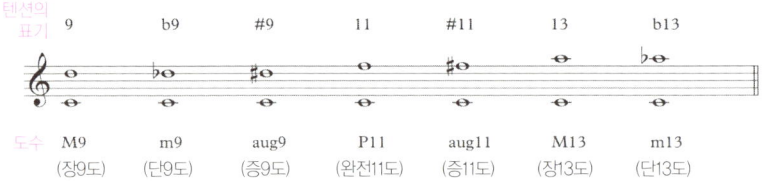

3) 텐션의 종류

9th ← 9, b9, #9   11th ← 11, #11   13th ← 13, b13

4) 코드별 텐션

앞서 언급한대로 텐션은 9, 11, 13이 있습니다.

코드별로 상이하나 각각의 코드에는 어보이드 노트(Avoid Note)가 있기도 합니다. 어보이드 노트(Avoid Note)는 선율적인 움직임에는 상관없으나 화성적인 움직임 즉, 코드로 동시에 울릴 때는 사용하지 않습니다.

메이저키의 다이어토닉 코드상에서 사용 가능한 텐션

코드＼텐션	9th	11th	13th	(△7th)
I	add9	sus4	6	△7
I 6	9	(#11)	–	△7
I _7	9	(#11)	13	–
IIm7	9	11	–	–
IIIm7	(9)	11	–	–
IV	add9	#11	6	△7
IV6	9	#11	–	△7
IV_7	9	#11	13	–
V 7	9, b9, #9	#11	13, b13	–
VIm7	9	11	–	–
VIIm7(b5)	–	11	b13	–

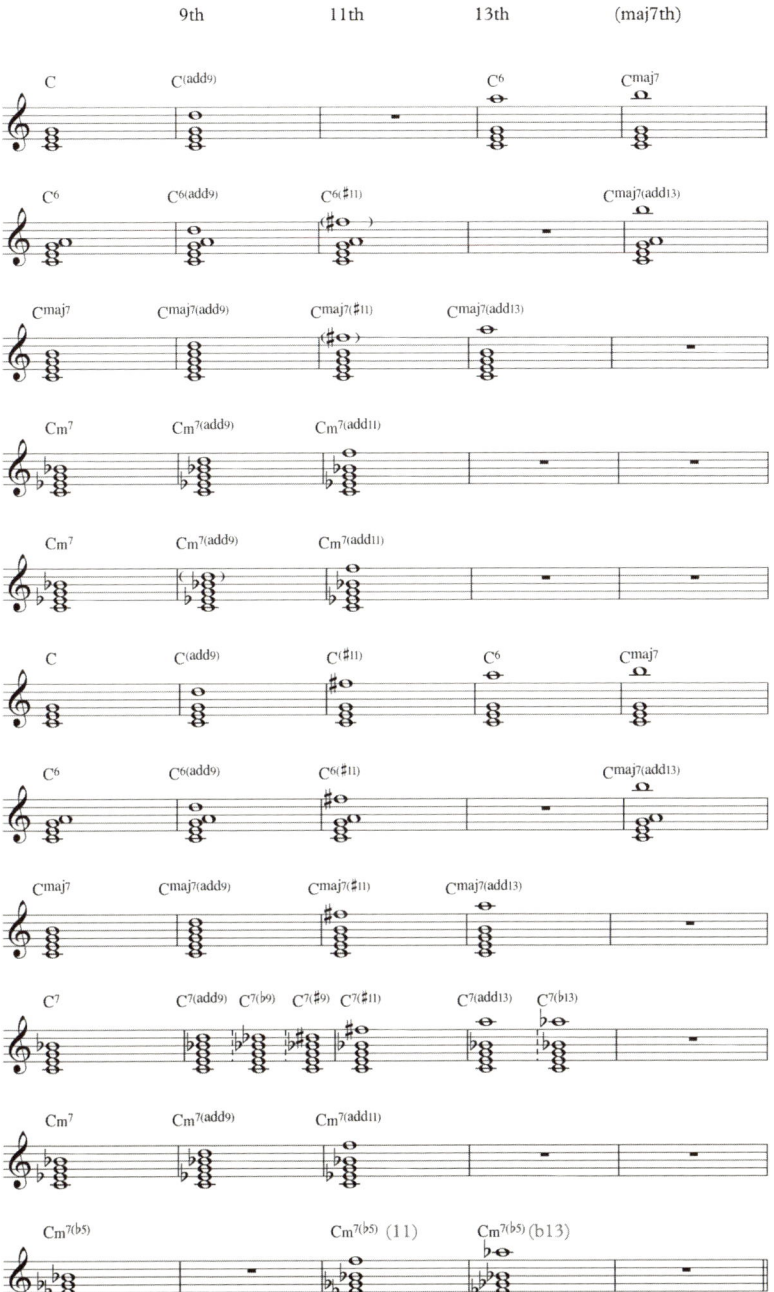

마이너키의 다이어토닉 코드상에서 사용 가능한 텐션

텐션\코드	9th	11th	13th	(△7th)
Ⅰm	add9	add11	6	△7
Ⅰm6	9	–	–	△7
Ⅰm7	9	11	–	–
Ⅰm△7	9	–	13	–
Ⅱm7(♭5)	–	11	♭13	–
♭Ⅲ6	9	(#11)	–	△7
♭Ⅲ△7	9	(#11)	13	–
Ⅳm	add9	add11	6	–
Ⅳm6	9	11	–	–
Ⅳm7	9	11	–	–
Ⅴm7	9	11	–	–
Ⅴ7	♭9, #9	(#11)	♭13	–
♭Ⅵ6	9	#11	–	△7
♭Ⅵ△7	9	#11	13	–
Ⅵm7(♭5)	(9)	11	♭13	–
♭Ⅶ7	9	#11	13	–
Ⅶdim	–	–	♭13	△7

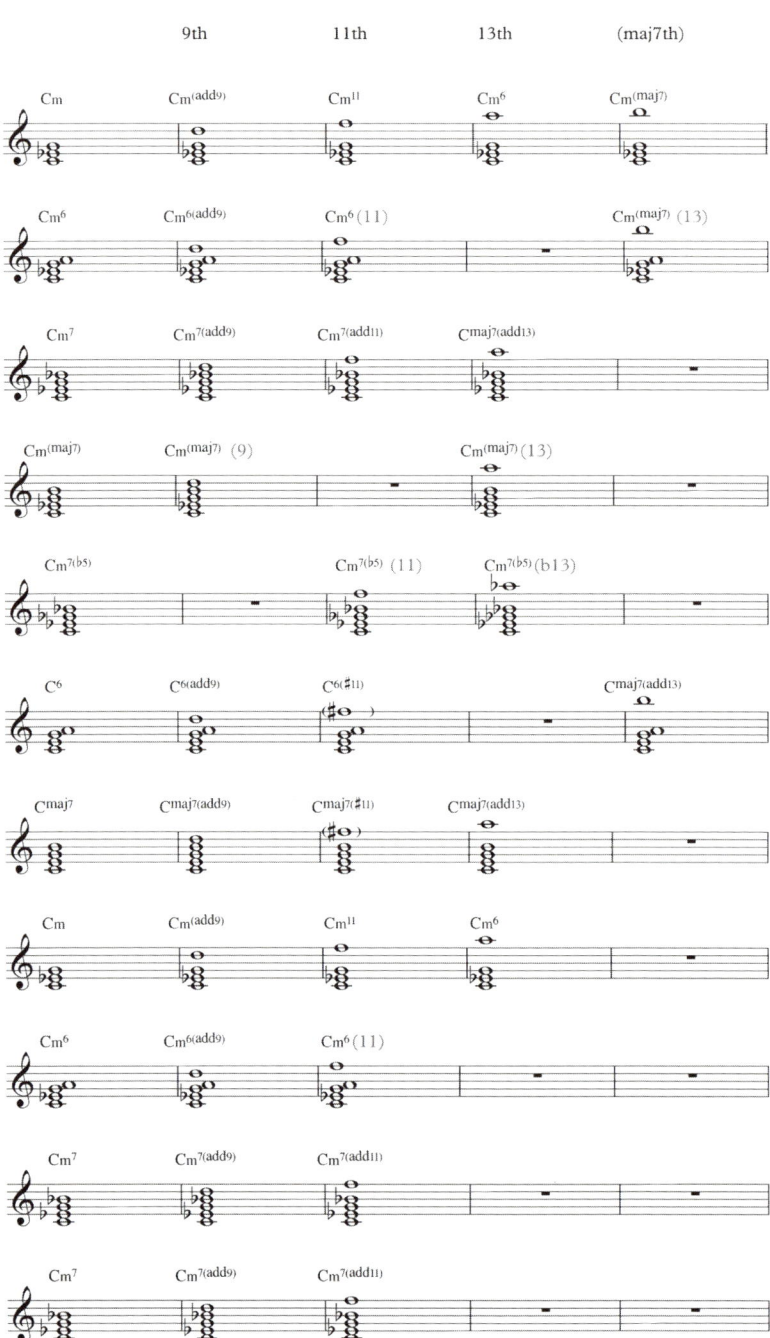

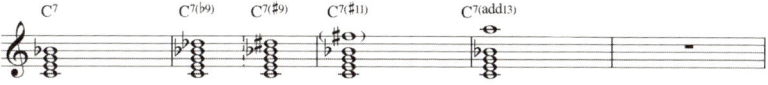

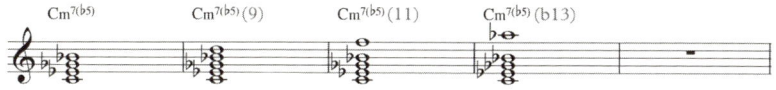
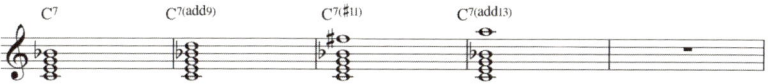
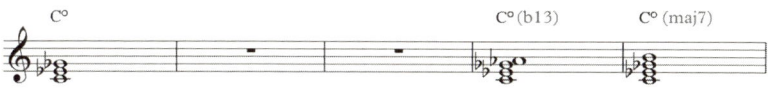

도미넌트의 대리 코드, 세컨더리 도미넌트 코드, 투 파이브화되는 IIm7 코드의 텐션

조성관계		코드 텐션	9th	11th	13th
도미넌트의 대리		II♭7	9	#11	13
세컨더리 도미넌트	M	II7	9	-	13
	m	III7	♭9, #9	#11	♭13
	m	♭VII7	9	-	13
Blues		IV7	9, #9	#11	13
투 파이브	M	IIm7	9	11	-
	m	IIm7(♭5)	-	11	♭13
	M	IIm7(♭5)	9	11	♭13
도미넌트 의 변형	M	V7sus4	9	-	13
	M	V7(♭5)	9, ♭9, #9	-	13, ♭13
	M	Vang7	9, ♭9, #9	#11	13

(M : 메이저 계열, m : 마이너 계열, Blues :블루스 계열)

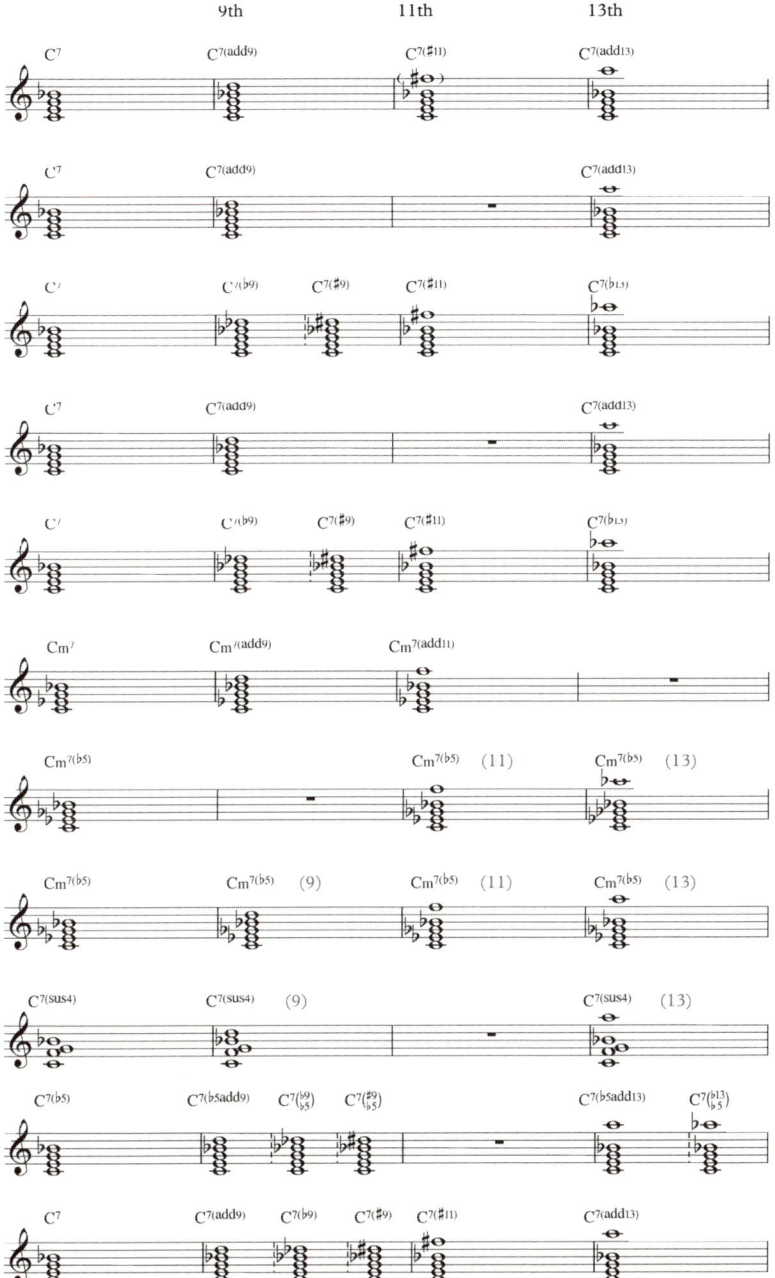

Part 06. 깊이를 더하기

서브도미넌트 마이너 코드의 텐션

코드＼텐션	9th	11th	13th	(△7th)
IVm	add9	add11	6	△7
IVm6	9	–	–	△7
IVm7	9	11	–	–
IVm△7	9	–	13	–
♭II△7	9	#11	13	–
♭VI△7	9	#11	13	–
♭VI6	9	#11	–	–
♭VI7	9	#11	13	–
♭VII7	9	#11	13	–

디미니시 코드의 텐션

코드	텐션
토닉 디미니시(Idim)	△7, 9, 11
패싱 디미니시	디미니시 코드의 각각의 구성음을 (온음) 올린 뒤 그 중에서 원래의 스케일에 있는 음이 텐션이 됨

Tonic Diminished(토닉 디미니시)

Passing Diminished(패싱 디미니시)

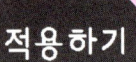

텐션 찾아보기.

*다음의 코드에 사용가능한 텐션을 쓰세요.

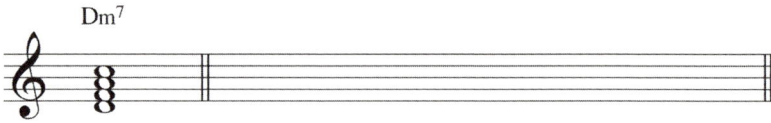

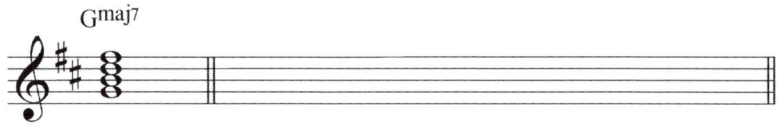

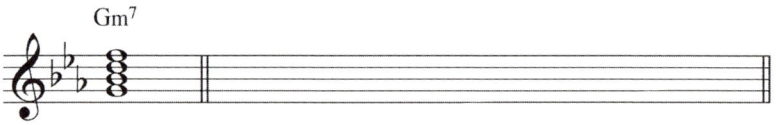

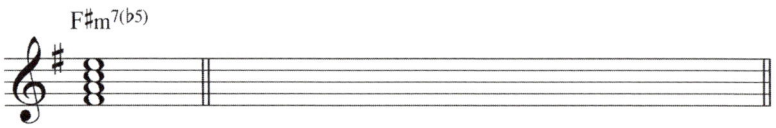

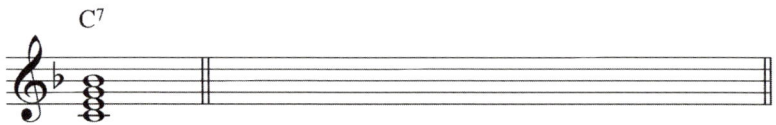

2. 조바꿈(Modulation/모듈레이션)과 조옮김(Transposition/트랜스포지션)

1) 조바꿈(Modulation/모듈레이션)

조바꿈이란, 곡이 진행하는 중간에 다른 조(Key)로 바뀌는 것을 말합니다.

(1) 일시적인 조바꿈

일시적으로 조(Key)를 바꾸었다가 다시 원래의 조(Key)로 돌아가는 것을 말합니다.

(2) 조바꿈

아주 조를 바꾸어 버리기도 합니다. 시작했던 조(Key)와 끝나는 조(Key)가 다릅니다. 속7화음(Dominant 7th Chords)이나, 감7화음(Dimineshed 7th Chords)등을 이용하여 새로운 조(Key)로 바꾸기도 하며, 공통화음(Pivot Chord)을 이용하여 조(Key)를 바꾸기도 합니다.

(3) 연속조바꿈

연속으로 조를 바꾸기도 하지만, 짧은 대중음악에서의 사용이 효과적이진 않습니다.

2) 조옮김(Transposition/트랜스포지션)

조옮김이란 하나의 곡 전체의 조(Key)를 올리거나 내려서 옮기는 것을 말합니다.

이조악기 사용의 경우 조옮김이 필요하며, 때때로 보컬의 음역을 위해 조옮김이 필요합니다.

적용하기

조 옮김 하기

1. 다음 그림을 단3도 위의 조로 조옮김 하세요.

2. 다음 그림을 완전 4도 아래의 조로 조옮김 하세요.

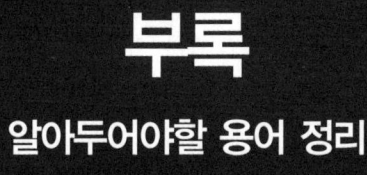

부록
알아두어야할 용어 정리

빠르기말(Tempo terms)
빠르기표(Tempo Signature)
셈여림표(Dynamic)
주법에 관한 표(Musical interpretation)

그리스도의 말씀이 너희 속에 풍성히 거하여 모든 지혜로 피차 가르치며 권면하고
시와 찬송과 신령한 노래를 부르며 감사하는 마음으로 하나님을 찬양하고 (골3:16)

빠르기말(Tempo terms/템포 텀즈)

※ 많이 쓰이는 빠르기말

	이탈리아어	영어	(대략의 메트로놈 템포)
느리게(느긋한 느낌)	Adagio(아다지오)	(more) slow	50~60
느리게(천천히)	Andante(안단테)	slow, moderato slow	60~70
보통 빠르기	Moderato(모데라토)	Moderato, Midium	80~90
빠르게	allegro(알레그로)	Mid.Fast	120~130
빠르고 경쾌하게	Vivace(비바체)	Fast	140~150
매우 빠르게	Presto(프레스토)	Very Fast	160 이상

※ 변화하는 빠르기말

Accelerando(accel.....)	점점 빠르게
Ritardando(rit......)	점점 느리게

Double Tempo	2배 빠르게
Half Tempo	2배 느리게, (절반 느리게)
Double (Time) Feel	2배 빠른 느낌으로
Half (Time) Feel	2배 느린 느낌으로

Tip : 이 표현에서 주의 할 것은, 진짜로 빠르고 느리게 하는 것과 느낌만 주는 것의 차이입니다. Double Tempo/더블타임 템포는 BPM100이었던 곡을 200으로 빠르게 템포의 변화가 있는 것이고, Double (Time) Feel은 같은 BPM100이지만 리듬을 분할하는 등의 연주기법로 빠른 속도감을 느끼게 해 주는 것입니다.

빠르기표(Tempo Signature/템포 시그니쳐)

1. 숫자에 의한 빠르기

숫자에 의한 빠르기표는 절대적이며 1분간 연주되는 박의 횟수를 숫자로 나타낸 것입니다. 이것을 측정하기 위하여 메트로놈(Metronome)을 사용합니다.

2. 용어에 의한 빠르기

빠르기를 나타내는 말은 느낌 위주입니다. 클래식과 전통찬양에서는 이탈리아어로 쓰이고 팝이나 재즈, 그리고 현대 찬양에서는 영어로 주로 표기합니다.

	이탈리아어	영어	(대략의 메트로놈 템포)
느리고 폭넓게	Largo(라르고)	Very slow	40~46
느리고 무겁게	Lento(렌토)	Very slow	50~55
느리고 침착하게	Adagio(아다지오)	Slow	56~65
걸음걸이 빠르기	Andante(안단테)	Moderato slow	66~76
보통 빠르기	Moderato(모데라토)	Moderato, Midium	80~108
빠르고 즐겁게	Allegro(알레그로)	Mid. Fast	120
빠르고 경쾌하게	Vivace(비바체)	Fast	160
빠르고 다급하게	Presto(프레스토)	Very fast	168~184
Presto 보다 빠르게	Prestissimo(프레스티시모)		200~208

셈여림표(Dynamic/다이나믹)

셈여림(Dynamic/다이나믹)을 나타냅니다.
이 기호는 아마 대부분의 사람들이 알고 있으리라 생각합니다.

pppp	피아니시시시모(pianissississimo)
ppp	피아니시시모(pianississimo)
pp	피아니시모(pianissimo)
p	피아노(piano)
mp	메조 피아노(mezzo piano)
mf	메조 포르테(mezzo forte)
f	포르테(forte)
ff	포르티시모(fortissimo)
fff	포르티시시모(fortississimo)
ffff	포르티시시시모(fortissississimo)

점점세게	Cresendo(cresc.....)
점점여리게	Dedresndo(decresc.....) 또는 Diminuendo(dim.....)

주법에 관한 표(Musical interpretation)

1. 레가토(Legato)

부드럽게 소리 내라는 뜻.

2. 붙임줄(Tie/타이)과 이음줄(Slur/슬러)

높이가 같은 두 음을 연결한 것-붙임줄(Tie)
높이가 다른 두 음을 연결한 것-이음줄(Slur)

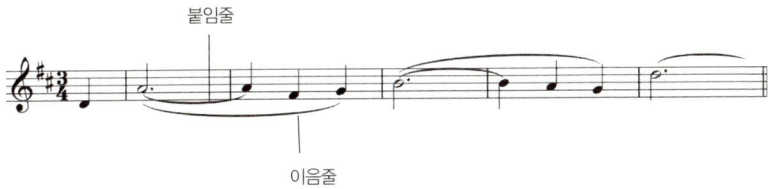

3. 악센트(Accent mark)

그 음만 특히 세게 내라는 뜻.

sf, *sfz* (sforzando의 약자)
fz (forzando의 약자)
rf, *rfz* (rinforzando의 약자)
∧ 또는 > (accent의 약자)

4. 숨표(Breath mark)

노래 곡에서 동기나 악절(Phrase/프레이즈)이 끊겨서 호흡이 필요한 때에 숨표를 붙인다.

5. 스타카토(Staccato)

레가토와 정 반대로 짧게 끊어서 연주하라는 뜻.

6. 테누토(Tenuto)

그 음표가 갖는 길이를 충분히 지켜서 폭 넓게 연주하라는 뜻.

7. 트레몰로(Tremolo)

그 음을 빨리 반복해서 연주하라는 뜻.

8. 글리산도(Glissando)

높이가 다른 두 음 사이를 미끄러지듯 소리내는 것.

9. 포르타멘토(Portamento)

높이가 다른 음으로 미끄러지듯 소리내는 성악기법.

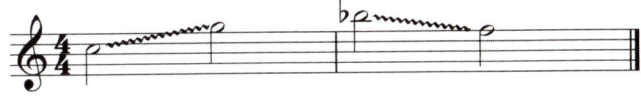

10. 늘임표(Fermata)

어떤 음표나 쉼표에 붙여서 사용한다. 2배, 3배의 길이를 늘린다. 겹세로줄 위에 늘임표(Fermata)가 있을 경우 '마침(end)'을 의미한다. 주로 피네(Fine)와 같이 쓰인다.